社長・税理士・弁護士のための

民事再生の手引き

自力で会社を残す！

公認会計士　徳永　信
公認会計士　安田　憲生
弁　護　士　宮原　一東
弁　護　士　岡本　成道
弁　護　士　清水　夏子
弁　護　士　新垣　卓也

税務経理協会

はしがき

　本書は，日々，会社再建（会社再生）の実務に従事する弁護士と公認会計士が，「民事再生」の実務の経験に基づいてまとめたものです。昨年出版した「**社長・税理士・弁護士のための私的再建の手引き**」の姉妹書になります。

　長引く不況に加え，東日本大震災，原発問題，ユーロ危機など中小企業を取り巻く環境は厳しい状況が続いております。専門家から，「破産」しかないとアドバイスを受けて，落胆されている社長もいるかもしれません。
　しかし，あきらめるのは早計です。
　会社再建（会社再生）の価値があり，社長や社員に強い覚悟があれば，事業継続（再生）できることも少なくないからです。安易に破産や清算を申し立ててしまうと，従業員の雇用は守られません。取引先にも多大な迷惑をかけてしまいます。
　安易に破産，清算を考えるのではなく，事業の再構築を図ったうえで，事業継続（再生）を目指すべきなのです。事業継続（再生）ができれば，従業員や取引先への迷惑も少しは減らせるかもしれません。

　「社長・税理士・弁護士のための私的再建の手引き」にあるように，私的整理（私的再建）ができれば，仕入先に迷惑をかけることなく，再生を目指すことができますが，残念ながら私的整理が難しいケースもあります。例えば私的整理では，手形決済を止めて不渡りを阻止することは困難です。そのほかにも，どうしても私的整理が困難な局面があることは否定できません。
　しかし，そのような場合でも，**裁判所を使った民事再生という手法を使えば，事業継続（再生）できる**場面が少なくありません。本書は民事再生という手法で再生を目指す場合に備え，民事再生の具体的な進め方について分かりやすく説明したものになります。

民事再生に関する書籍は，さまざまなものが出版されていますが，民事再生の条文の説明や学術的な論点を深く掘り下げたものが多いのが実情です。しかし，現場レベルの社長，経理担当者，税理士の方々は，そもそも民事再生とは何なのかを知りたいと思っているのではないでしょうか。また，社長，経理担当者，弁護士等は，民事再生の依頼者への法律相談の進め方，申立前の準備の仕方（例えば，金融機関に預けてある預金はどうすべきか），申立後の手続の進め方（例えば，どのように債権者集会を開けばよいのか）など民事再生の本には書いていない具体的な手続が分からず悩むものです。

　そこで，本書は，再生を目指したいと考えている社長，経理担当者，顧問税理士・弁護士の方々を主な読者層として，なるべく分かりやすく簡潔に表現するために**民事再生の条文の説明や論点解説を可能な限り省略**することにしました。

　他方で，民事再生のイメージや具体的な進め方を習得できるように力を注いだつもりです。第1章で手形不渡り必至の会社を主人公にして，ストーリーを展開させています。第1章で民事再生を申し立てることの具体的なイメージを掴んでいただければと思います。第2章では，社長，経理担当者向けに，いつ誰に相談すべきか簡潔に説明を加えています。第3章では破産や私的整理との比較を通して，民事再生の意義を説明しております。第4章以下では，Know Howやコラムを随所に設け，民事再生手続きの具体的な進め方やノウハウを記載して，具体的にどのように手続を進めるべきか解説しております。本書を活用して，多くの中小企業に再生への希望を見出していただければ，共同執筆者の一人として大変嬉しく思います。

　民事再生といえば，「スポンサー」がいないと再生はできないと言われることがあります。金融機関だけでなく，弁護士の間でもそのように話す方がおられます。

　一面では的を射た説明ではありますが，中小企業の場合は，そう簡単に「スポンサー」が見つかるものではありません。また，社長がいないと事業が成り

立たないことも多く，自力再建（自主再生）の方が望ましい場合もあります。

　現実に目を向けても，社長の熱意と努力で，事業の再構築を図ることができて，金融機関の信用を勝ち取ることによって，「スポンサー」なしで自力再建（自主再生）した会社は何社もあります。

　そこで，**本書は「スポンサー」型の説明は最小限に留め，「自力再建（自主再生）」を中心とした手法を説明しております。**何とか自力再生（自主再生）を目指したいと考える社長やそれを支える税理士・弁護士の方々のための一助になれば幸いです。

　本書の執筆にあたっては，私と岡本弁護士の前所属事務所の所長村松謙一弁護士をはじめ，依頼者，金融機関，裁判所・中小企業再生支援協議会等の公的機関，公認会計士・税理士・コンサルタント・司法書士・弁護士など多くの専門職の方々から受けたお教えやご指摘が活かされております。この場をお借りしてお世話になった方々にお礼申し上げます。

　最後になりましたが，姉妹書の段階から，税務経理協会の日野西資延氏には大変お世話になりました。ここに深く感謝申し上げる次第です。

　平成24年2月

共同執筆者を代表して　　宮原　一東

目　　次

はしがき

第1章　こうして会社は甦った

- 1　倒産の危機 …………………………………………………………… 2
- 2　甲野金属株式会社の会社概要 …………………………………… 3
- 3　リーマン・ショックによる売上急減 …………………………… 4
- 4　続く督促 ……………………………………………………………… 5
- 5　甲野社長の家族 ……………………………………………………… 6
- 6　専門家への相談 ……………………………………………………… 6
- 7　申立の準備 ………………………………………………………… 10
- 8　申立後の対応 ……………………………………………………… 14
- 9　開始決定後の準備事項 …………………………………………… 16
- 10　事業の再構築について …………………………………………… 19
- 11　再生計画草案の起案 ……………………………………………… 21
- 12　金融機関等の主要債権者との意見調整 ……………………… 22
- 13　再生計画の確定 …………………………………………………… 24
- 14　再生計画案への賛同のお願い ………………………………… 24
- 15　再生計画の債権者集会 …………………………………………… 25
- 16　甲野金属のその後 ………………………………………………… 27

第2章　いつ誰に相談するか
- 1　相談できる相手は必要 …………………………………………… 29
- 2　いつまでに相談するべきか …………………………………… 30
- 3　誰に相談するべきか …………………………………………… 33

第3章　民事再生の意義　－他の手続との比較を通じて－
- 1　民事再生の特徴 ………………………………………………… 39
- 2　民事再生で再生すべき場合（私的整理が適切ではない事案）……… 43
- 3　民事再生の限界・デメリット ………………………………… 45
- 4　民事再生の注意点 ……………………………………………… 48

第4章　民事再生の流れ
- 1　民事再生手続の登場人物（登場機関）……………………… 53
- 2　民事再生手続の流れ …………………………………………… 55

第5章　民事再生の準備
- 1　再生の見込みがあるかの検討 ………………………………… 61
- 2　資金繰りの確保 ………………………………………………… 63
- 3　予納金・専門家報酬の準備 …………………………………… 66
- 4　申立日（Xデー）の選定 ……………………………………… 67
- 5　裁判所との事前調整 …………………………………………… 68
- 6　民事再生手続開始申立の機関決定 …………………………… 69
- 7　債権者説明会の会場の確保 …………………………………… 69
- 8　申立書の作成 …………………………………………………… 70
- 9　保全処分申立書の作成 ………………………………………… 75

目　　次

第6章　申立から開始決定までの流れ
- 1　申立当日の保全 …………………………………………………… 77
- 2　申立翌日以降の保全 ……………………………………………… 80
- 3　取引上の混乱からの立直し ……………………………………… 80
- 4　債権者説明会の開催 ……………………………………………… 83
- 5　申立直後の対裁判所対応 ………………………………………… 88
- 6　債権者対応 ………………………………………………………… 91
- 7　マスコミ対応 ……………………………………………………… 99

第7章　開始後の取組み
- 1　開始決定後に生じる問題の解決 ………………………………… 105
- 2　契約関係，法律関係の整理 ……………………………………… 109
- 3　払っていいものと払ってはいけないもの ……………………… 112
- 4　手続開始前の法律関係の是正を図る方法（否認権）………… 116
- 5　裁判所の手続事項の整理 ………………………………………… 117

第8章　財産評定等の作成
- 1　財産の価額の評定等 ……………………………………………… 123
- 2　125条報告書 ……………………………………………………… 147

第9章　別途権者との交渉
- 1　別途権とは ………………………………………………………… 157
- 2　別途権不足額の確定方法 ………………………………………… 158
- 3　リース債権者との交渉 …………………………………………… 162

3

第10章　再生計画案の策定方法

- 1　再生計画案とは何か ……………………………………………… 165
- 2　いつから準備するのか …………………………………………… 165
- 3　何を書けばよいのか ……………………………………………… 166
- 4　事業計画について ………………………………………………… 167
- 5　破産時配当との比較 ……………………………………………… 174
- 6　平等原則（特に少額債権の取扱い）について ………………… 176
- 7　その他の条項 ……………………………………………………… 179
- 8　金融機関との個別折衝について ………………………………… 181
- 9　再生計画案の補足説明資料の重要性 …………………………… 182

第11章　民事再生の税務

- 1　民事再生税務の課題 ……………………………………………… 183
- 2　特例欠損金 ………………………………………………………… 184
- 3　資産・負債の再評価－損金経理方式 …………………………… 187
- 4　資産・負債の再評価－別表添付方式 …………………………… 191
- 5　資産・負債の再評価－比較と選択 ……………………………… 196
- 6　民事再生におけるその他の税務上の留意点 …………………… 197
- 7　解散会社に対する課税「清算課税」 …………………………… 202
- 8　債権者の税務 ……………………………………………………… 216

第12章　経営責任，株主責任

- 1　経営責任とは ……………………………………………………… 221
- 2　保証債務について ………………………………………………… 222

目　　次

第13章　再生計画の決議・認可 －手続終結へ

- 1　再生計画案の提出後の取扱い …………………………………… 227
- 2　債権者集会 ………………………………………………………… 228
- 3　認可決定 …………………………………………………………… 229
- 4　再生計画の効力 …………………………………………………… 230
- 5　再生計画の遂行 …………………………………………………… 230
- 6　再生手続の終結 …………………………………………………… 231

付録　各種書式 …………………………………………………………… 233

第 **1** 章　こうして会社は甦った
CHAPTER 1

主な登場人物

甲野社長　　本書の主人公。甲野金属社長。42歳。N社への受注が大幅に減少し，手形不渡りのリスクを抱えていた。

金丸部長　　甲野金属経理部長。58歳。細かく何でも気付く。甲野金属の金庫番的存在。

村安税理士　乙野税理士事務所所属の中堅税理士。

岡宮弁護士　岡宮法律事務所弁護士。中小企業の倒産回避に向けて，私的再建，民事再生など会社再生の実績を持つ。

夏垣弁護士　岡宮弁護士の司法研修所時代の友人弁護士。倒産・再生案件の実績のほか，労働法など企業法務の知識経験も豊富。

1 倒産の危機

「手形が不渡りになってしまう」

2012年2月5日，経理担当の金丸部長から資金繰り予定表を見せられた甲野金属株式会社の甲野太郎社長は青ざめました。同社の資金繰り予定表(1)は次の通りになっておりました。

注(1)
資金繰り予定表の作成方法は拙著「私的再建の手引き」（税務経理協会）第8章に詳しく書かれています。

資金繰り予定表（日繰り）

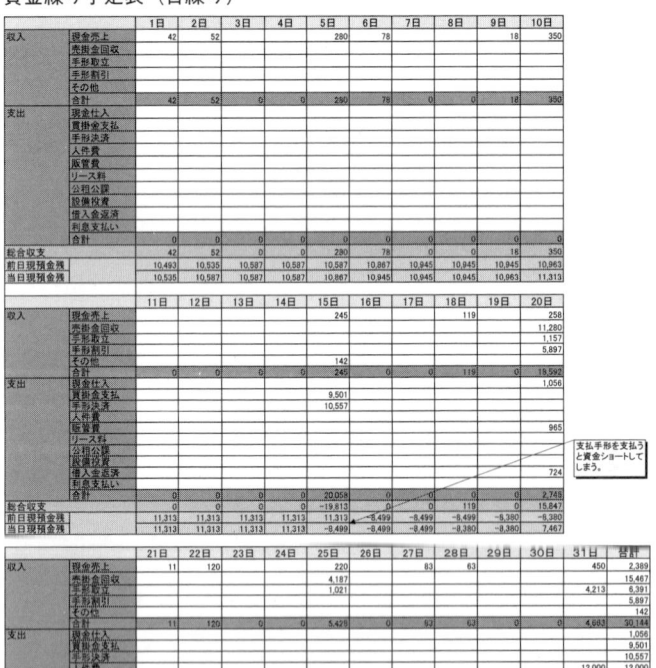

第1章　こうして会社は甦った

　資金繰り予定表を見ると，翌3月15日の手形の決済資金を支払うと，現預金残高が▲（資金ショート）になってしまうことを示していました。仮にこれを乗り越えたとしても，資金繰り予定表は，3月末日の従業員の給料が支払えないことを示していました。

　手形不渡りが2度に渡ると銀行取引停止処分となってしまいます。世間的にはこれで実質的に倒産したと扱われます。また，手形決済資金すらないということは，その他の買掛金や従業員給与等も満足に支払えないということを意味します。

　甲野社長は，ここ数年ずっと資金繰りと会社経営に悩んでおりましたが，その都度，なんとかしのいできました。

　「もうここまでか。」「どうしたらいいんだ。」

　自分を信用してくれる従業員，従業員の家族のこと，また，妻と子供の生活を考えると，どうすれば良いのかと思い，この日はなかなか寝付けませんでした。

2　甲野金属株式会社の会社概要

　甲野金属株式会社は，1960（昭和35）年に甲野社長の母方の祖父が設立した会社です。とある地方にある工作機械部品の下請製造メーカーです。社長を含めた役員4名，正社員30名，パート10名の合計44名の中小企業です。2007（平成19）年度の売上高は，10億円弱ありました。

　甲野金属株式会社の工作機械部品は，大手電子部品メーカーからその品質を高く評価されていました。大手電子部品メーカーN社からの安定的な受注により，順調に経営をしておりました。甲野金属株式会社は，大手電子部品メーカーからの受注が増えて，第一工場が手狭になっていたことや老朽

化していたこともあって，メインバンクのA銀行の勧めもあり，10年ほど前に隣接地を借り増しし，第二工場を新設することになりました(2)。建設資金2億円の大部分はメインバンクのA銀行から借入を受けました。これにより負債総額は，7億円弱に膨れ上がりました。

しかし，この時点では，N社からの安定受注により，営業利益が出ておりましたので，特に問題はないと感じていました。

注(2)
甲野社長が社長に就任する前の話でした。

3 リーマン・ショックによる売上急減

ところが，2008（平成20）年9月にリーマン・ショックが起きました。

これにより，甲野金属株式会社を取り巻く環境も一変しました。これまで安定的に受注を受けていた大手電子部品メーカーN社からの売上が半分以下に低下してしまったのです。甲野金属株式会社は，大手電子部品メーカーN社やその関連会社への売上が全体の6割以上を依存しておりましたので，全体の売上は半減してしまい，5億円を切るまでに落ち込んでしまいました

当然のことながら，2009年3月期は大赤字。

仕事もほとんどなかったので，雇用調整助成金を受給して，なるべく正社員も解雇をしないで，何とか乗り切ることを目指しました。

地元のA銀行に相談し，リ・スケジュール(3)をすることになりました。元金の支払も半分以下にすることを認めてくれて，資金繰りは何とかもちました。

注(3)
リ・スケジュールとは，債務の返済条件を変更して，金融機関への返済額を減らす方法です。風邪程度の症状の場合には有効な手法です。しかし，事業の再構築をしないまま漫然とリ・スケジュールを行っても問題の先送りや悪化をもたらすことがあります。

4 続く督促

2010年の秋には元金の支払が滞りがちになりました。一部の金融機関は元金の支払を求めてきて、何度も支店に呼び出されました。なかには新たな保証人の追加や担保提供まで要求する金融機関もありました。甲野社長は、親族を回って、保証人等の相談をしましたが、保証人になってくれる先はありませんでした。それでも、一部の親族からは借入ができたので、それを使って金融機関の利払の一部に充てました。

そのような非常に切迫した資金繰りでしたが、金融機関には苦しいながらも支払を続けていました。やがて親族からも借入も難しくなり、やむなく税金の支払を滞納してしまいました[4]。

また、どこからか甲野金属はヤバイという噂が広がり、仕入業者数社がサイト短縮を要求するようになってきました。これによりますます資金繰りは厳しい状況に追い込まれました。

もともと甲野金属株式会社は、ほとんど手形を使っていなかったのですが、買掛債務の支払をすることが困難となり、2010年秋には、手形を振り出して、それで資金繰りをつなぐことにしました。このような状況で、なんとか資金繰りをつなぎ、2012年の年明けを迎えることになってしまったわけです。

第2章
いつ誰に相談するか参照

注(4)
税金の滞納は倒産リスクを高める行為ですので、早期に再生の専門家ないし専門の相談機関に相談すべきでした。

5　甲野社長の家族

　甲野社長には，会社で経理事務を手伝う妻と2人の子供がいました。

　5年前に購入した自宅がありましたが，住宅ローン3,000万円も残っておりました。甲野金属の資金繰りを助けるため，甲野社長の預貯金はほとんどありませんでした。

　子供は会社の現状を知らず，元気に育っております。甲野社長は，何とかこの幸せな家族を守りたいと思いましたが，どうすれば良いか分かりませんでした。

6　専門家への相談

1　法律事務所への相談

　甲野社長は，比較的大きな法律事務所に相談に行くことにしました。甲野社長は「何とか事業継続をしたいです。」と相談しました。

　しかし，その法律事務所の弁護士はどんな事業を行っているのか聞くこともなく，決算書だけを見て，「主要取引先との取引が減ったのですよね。」「営業利益もマイナスじゃないですか。」「営業赤字ということは，事業存続が無理ということでしょう。」「今すぐ会社清算をして，すっきりした方が良いでしょう。」と言うだけでした。

　甲野社長には，なんとかしてでも事業存続を図りたい気持ちがあったのですが，その弁護士は甲野社長の気持ちにこたえる態度を見せてくれませんでした(5)。

　甲野社長は，「赤字とはいえ，簡単に破産をするわけには

注(5)
安易に破産申立てを薦める弁護士には注意が必要です。

いかない。」「従業員はどうなるんだ。」「家族はどうなるんだ。」と心の中でつぶやきましたが，とても口に出せませんでした。その後，個人破産の説明も受けましたが，ほとんど頭に入りませんでした。

2　岡宮法律事務所へのアポイント

　甲野社長は，弁護士から破産しかないという回答をいわれたため，再生を目指すことはできないと半ば諦めかけていました。

　しかし，甲野金属には多数の従業員がおり，簡単に会社を畳むわけにいきませんでした。甲野社長は元来粘り強い性格のため，会社再生の専門家に相談できないかという思いが沸き起こってきました。

　甲野金属は，ベテランの乙野税理士事務所と顧問契約を結んでいるのですが，日常的な業務は担当の村安さんという中堅税理士にお願いしておりました。甲野社長は，2月24日，思い切って，村安税理士の携帯電話に電話をしてみました。村安税理士は，たまたま岡宮弁護士の企業再生のセミナーに出たことがあるというのです。「まだ何とかなるかもしれませんよ。」「諦めないで頑張りましょう。」村安税理士がそう言って，岡宮弁護士が書いた本を渡してくれました。

　甲野社長は，村安税理士に教えてもらった岡宮法律事務所の電話番号に電話をかけて，相談のアポイントを取りました。岡宮法律事務所からは，ある範囲で構わないので，以下の資料を持参してもらいたいとの連絡がありました。

①　会社のパンフレット
②　商業登記簿謄本
③　決算書3期分

④　直近試算表
⑤　債権者一覧表
⑥　不動産評価が分かる資料（固定資産評価証明書等）
⑦　担保状況が分かる資料（登記簿謄本等）
⑧　資金繰り実績表
⑨　事金繰り見込み表（日繰り，月次）

3　岡宮法律事務所での法律相談

　2012年2月29日，珍しく雪が舞う日でした。甲野金属と岡宮弁護士の打ち合わせが始まりました。岡宮弁護士は，甲野社長と金丸部長と簡単に名刺交換をして，早速，打ち合わせを開始しました。

　岡宮弁護士は，まずは甲野金属がどんな会社か聞き取りを始めました。お金の流れ，負債総額，担保状況，税金の滞納状況，商流等を聞きとりました。商流の聞き取りをするのは，甲野金属を助けてくれる会社やカギとなる会社が見えてくることもあるからです(6)。

　岡宮弁護士は，「再生を目指すのであれば，最初は私的整理から検討しますよ。取引業者を巻き込まないで済みますからね。」「でも事業継続ができるかどうか，私的整理ができるかどうか，資金繰りが重要なんですよ。」と言って，資金繰り表を丹念に見始めました。

　岡宮弁護士は，銀行の元利金の支払を止めるなど，何度かシミュレーションを行いましたが，3月の資金繰りはもっても，それ以降の資金がもたないことは明らかでした。途中で，甲野社長は，「親戚にお金を借りたり，従業員の給与を遅配したら何とかなりそうですが」と相談しましたが，岡宮弁護士は「その場しのぎの対応はもう止めるべき。」と助言して

第3章
民事再生の意義
参照

注(6)
法律相談の際は，会社の事業内容，商流，競合（代替商品含む），外部環境，資金繰り，負債総額，担保状況，税金等の滞納状況，保証人の状況等を聞き取ります。
これらの聞き取りにより，その会社の現在かかえている問題を把握することができます。
可能であれば，窮境原因やその除去可能性，会社の強み，社長の希望を聞き取り，会社の再生の見込みや再生への意欲を確認しましょう。

第1章 こうして会社は甦った

くれました。

　岡宮弁護士は，甲野社長に対し，「私的整理を目指すことが原則ですが，資金繰りも厳しく，銀行の支払を停止しても，とても資金繰りがもたないので，残念ながら私的整理は難しい。」「資金繰りの問題に加えて，税金の滞納もあるので，中小企業再生支援協議会にお願いすることも難しい。」「無理に私的整理を続けて，今後，さらに税金や従業員の滞納額を増やしたり，親族へのご迷惑を増やすと，かえって再生が難しくなりかねない。」

　「しかし，裁判所に駆け込んで，その間に事業の再構築を目指す方法であれば何とかなるかもしれない。」という話がありました。岡宮弁護士によると，「民事再生という法律を使うと，取引業者を含めすべての債務の支払が一時棚上げになることによって，資金ショートや手形不渡りは回避できる。」「今は赤字だとしても事業再構築を行い，民事再生を使って過剰債務の一部をカットしてもらえば，再生を目指すことができる。」と言うのです。

　甲野社長は，「民事再生」という言葉を新聞やテレビで見聞きしたことはありましたが，「倒産」というイメージしか持っていませんでした。しかし，岡宮弁護士によると，民事再生という手続を利用して再生した会社は何社もあるというのです。他の役員には相談していませんでしたが，民事再生という手法で再生を目指す考えが徐々に湧いてきました。

　2時間の法律相談の最後に，岡宮弁護士から「民事再生を申し立てるとしても，向こう半年の資金繰りが持たないと自主再生は厳しいので，次回の法律相談までに向こう半年の月次資金繰り表と向こう3カ月の日繰り資金繰り表を作成してくださいね。」「その前提として，銀行の支払がないとして，

経常収支がプラスになるにはどうすればよいのか考えましょう。」「事業の再構築が必要ですので，大変ですが，再生を目指してともに頑張りましょう。」「再生に一番必要なのは社長や従業員の熱意です。」「最後の最後まで諦めないで頑張りましょうね。」と言われました。

甲野社長が岡宮法律事務所を後にするときには，少しは希望の光が見えた気がしました。雪は止み，晴れ間が見えていました。

7　申立の準備

1　民事再生申立の具体的検討・準備

　甲野社長と金丸部長は，何度も資金繰り表のシミュレーションをして，岡宮弁護士とメールで資金繰り表の検討を重ねました。銀行の支払や過去の未払金の支払はないものの，仕入業者は現金決済になってしまうことも想定して，資金繰り表を何度も作り直すことにしました。裁判所への予納金や弁護士費用もどう支払うのか，弁護士とも相談しながら作成しました。

　2012年3月10日，2度目の打ち合わせを行いました。この時は岡宮弁護士だけではなく，夏垣弁護士も同席することになりました。法人の民事再生は，債権者数も多く，交渉の相手も多いこと，作成する資料も大部になることから，複数の弁護士で対応することが一般的とのことでした。

　このときは，民事再生申立日（Xデー）をいつにするか検討する場になっていました。甲野金属の場合，毎月20日に売掛金が入金されることになっておりました。夏垣弁護士は，「せっかく売掛金が借入先の金融機関の口座に入金されても，

第5章
民事再生の準備
参照

その後，民事再生を申し立てると，銀行は預金をロックして，相殺してしまいます。」と言って，借入のない金融機関の預金口座に入金口座の変更ができないかと質問してきました。

しかし，主要取引先に銀行口座の変更をお願いするのは，信用不安の心配があり，なかなか躊躇されました。そこで，仮に民事再生を申し立てるのであれば，入金が集中する3月20日以前の16日に申し立てることが確認されました。また，申立前に少し残っている預金については，インターネットバンキングとキャッシュカードを使って，なるべく多く引き出し，弁護士名義の預金口座に移すことを確認しました（同様に連帯保証人である甲野社長らの預金口座についても，申立後はロックされることが明らかでしたので，借入のない金融機関の口座ないしは弁護士名義の預金口座に入れることになりました）。

岡宮弁護士と夏垣弁護士は，甲野金属から送られてきた様々な資料のうち，債権者一覧表と資金繰り表を何度も見返していました。仮に民事再生を申し立てたとしても資金繰りに余裕があれば10万円以下の少額債権部分を支払う処理により，債権者の頭数を絞れ，民事再生手続を円滑に進めることができるからです。

そのほか，申立後の債権者説明会の会場手配など，準備事項は多岐にわたりましたが，岡宮弁護士，夏垣弁護士の指示に従って，準備を進めました。

2　申立直前の準備

3月14日，甲野金属から最後の資料として委任状と取締役会議事録が完成したとの連絡があり，申立を行うことがこの日，確定しました。

同時並行で，岡宮弁護士と夏垣弁護士は，民事再生手続開

始申立書（書式❸），疎明資料，添付資料と弁済禁止保全処分申立書の起案を行いました。保全処分というのは，民事再生手続開始前の弁済を禁止するもので，債権者への弁済を禁止することをいいます。ただし，資金繰りに一定の余裕があれば10万円までの弁済は，保全処分の例外として弁済できるようにすることもあります。甲野金属も保全処分の例外として，民事再生手続開始決定前の保全処分期間中に，10万円以下の少額の債権については支払うことにしました。岡宮弁護士からは，「あくまでも開始決定までの措置であり，開始決定後になってしまうと，再生債権になってしまい，再生計画に従ってしか弁済できなくなるので，10万円までの滞納債務は保全期間中に忘れずに支払うように。」という指示がありました。

　また，岡宮弁護士からは，「民事再生申立後，開始決定までに生じた債権は，裁判所の許可を得て支払うことになるので，当該期間の仕入額がおよそ幾らになるのか見込み額を教えてもらいたい。」という要請がありました。保全期間中に生じた買掛債務は再生債権として弁済禁止になるので，あらかじめ共益債権とするための承認申請を考えていたからです（共益債権化の申請，民事再生法120条1項2号参照）。ただし，甲野金属の場合，数日程度，仕入を止めても何も問題はないということでしたので，開始決定までの間は仕入をストップすることにしました。

　岡宮弁護士は，3月14日に裁判所に事前相談メモをファクシミリ送信し（書式❷再生事件連絡メモ），裁判所に申立を行いたいと相談しました（実はその前から何度か電話で相談もしていました）。裁判所は，適切な監督委員候補者を探してくれるとのことでした。

申立日の前日の3月15日午後に岡宮弁護士，夏垣弁護士は，会社に赴き，工場内の視察を行い，トップシークレットで準備していた役員数名と最終ミーティングを行いました。主に申立当日のスケジュール確認を行いました。

3　申立日（3月16日）の行動

岡宮弁護士は，事前の打ち合わせのとおり，3月16日午前9時半に裁判所に申立を行いました。予納金は事前相談で確認した金額を支払うことにしました（予納金基準額は第5章2項参照）。岡宮弁護士は，その場で監督委員の弁護士と名刺交換を行い，甲野金属の会社の概要，窮境に陥った要因，資金繰り，税金滞納などの問題点を簡単に伝えました。

続けて夏垣弁護士は，申立が受理された旨の連絡を受け取ると，事前に予定していた担当者に対し，債権者に民事再生を申し立てた旨のファクシミリを行うよう指示を行いました（書式❼）。

また，夏垣弁護士と従業員で手分けして，前日にここと決めていた物件に「告示書」（書式❿）を貼り付けていく作業を行いました。

岡宮弁護士は，甲野社長と連れ立って，借入のあった金融機関訪問を行いました。甲野社長は対応した銀行員に対し，迷惑をかけたことをおわびしました。岡宮弁護士は①申立後に入金されたものは相殺ができないこと，②債権者説明会への出席要請，③今後の再生への協力を要請しました（書式❾参照）。

会社に残っていた夏垣弁護士主導のもと従業員説明会が開催されました。従業員には用意していた文書（書式❽）を渡し，会社が民事再生を申し立てた経緯，今後の再生の見通し，

第6章
申立から開始決定までの流れ参照

債権者対応への協力等がなされました。従業員からは，雇用を守ることを心配する声が上がりました。これに対しては，夏垣弁護士が「給与削減や人員削減をお願いするかもしれないが，会社が破産をしては元も子もない。今後，再生計画策定の中で個別に相談をさせてもらいたい。」と回答しました。さらに，今後の債権者対応についてのお願いとして，書面を渡し，協力を呼びかけました。

　夕方になって，一部の取引業者とリース会社が直接，会社に訪問してきました。しかし，問い合わせは書面で行うよう記載したこと，債権者説明会を3月20日に行うものと記載されているため，直接訪問してきた会社は数社，問い合わせ自体も10件ほどしかありませんでした。リース会社も告示書が貼ってある様子を見て安心し，今後のリース料の支払いについては，後日，協議しましょうということで別れました。

　特段，大きな混乱もなく，初日は終わりました。ただ，念のため，岡宮・夏垣両弁護士は債権者説明会終了まで待機することにしました。

8　申立後の対応

1　債権者説明会

　3月20日，債権者説明会が開催されました。会場予約の際は，信用不安を恐れて，弁護士事務所名で予約していましたが，20日は正式に債権者様向け説明会と書かれていました。

　冒頭，甲野社長が謝罪の言葉を述べました。岡宮弁護士から，「あまり長くなると言い訳のように聞こえるので，シンプルでお願いします。」「ひたすら謝罪に徹してください。」と言われていましたので，1分程度で終わりました。

第6章4項
債権者説明会の
開催参照

第1章　こうして会社は甦った

　その後は，岡宮弁護士と夏垣弁護士が，式次第に沿って，民事再生手続開始申立に至った経緯，今後の見通し，今後の取引条件のお願いをしました。また，少額弁済の説明があり，「10万円までの債権については（10万円を超える債権についても超える部分を放棄することを条件として），裁判所の許可を前提として，支払を行いたい。」と説明を行いました。

　質疑応答の最初の部分は，少額弁済の質疑が多くありました。「いつ支払ってもらえるのか。」「裁判所は許可してくれるのか。」「債権届け出は出さなくて良いのか。」などの質問です。岡宮弁護士は，確定的なことや甘い見通しは言わずに，「裁判所の許可を条件とし，また，資金繰りを踏まえて，できれば4月中にはお支払したい。」と回答するにとどめました。

　また，一部の取引業者からは，支払をされなくて困るとの苦情がありましたが，今後も事業を継続する旨説明することで，直ちに破産するよりは良いことを理解してもらえ，途中では「頑張れ」という意見まで出されました。

　開始決定後の仕入については，共益債権といって，随時に弁済することを約束する説明を行い，仕入協力も要請しました。仕入条件として，現金決済ではなく，「15日締め末日払い＋30日締め翌月15日払い」という条件をお願いしましたが，特段の異議は出されませんでした。

　監督委員の弁護士もオブザーバーとして出席し，会議の最後にメインバンクに意向確認を行いましたが，メインバンクも直ちに倒産すべきという考えはなく，むしろ再建に協力する姿勢を示してくれました。これにより，監督委員も裁判所に対し，再生手続を開始する意見を出す考えをもってくれました。

2 リース業者

リース業者からは，申立後に何度か問い合わせがありましたが，リース物件の処分価値に見合った支払をして，リース物件の使用を行いたい旨回答したことにより，引き上げるなどの強硬な対応をする業者はいませんでした。

3 税務当局

税務当局には多額の滞納税金がありましたので，岡宮弁護士と甲野社長が連れ立って，訪問し，分割払いの支払をしたい旨説明を行い，口頭レベルではありますが，それで内諾を得ましたので，特段，混乱は生じませんでした。

4 裁判所への報告と開始決定

債権者説明会の状況等を裁判所に報告し，無事に3月21日，再生手続開始決定が出されました。

9 開始決定後の準備事項

1 月次報告

裁判所からは，毎月の損益・貸借対照表の状況，資金繰りの状況，債権者対応等を報告するよう指示がありました。このことを実務上，月次報告とか月間報告といいます。岡宮弁護士の過去の案件のひな形を参考にして，金丸部長が月次報告書を策定することになりました（書式❶参照）。

銀行訪問の際は，甲野社長だけではなく，岡宮弁護士，夏垣弁護士も同席しました。岡宮弁護士は，民事再生手続開始後の取引業者の状況，リース業者の状況，従業員の状況等に

130頁
月次報告書参照

大きな問題はなく，再生手続に混乱は生じていない旨説明をしました。

甲野金属と弁護士らは，毎月の定例報告を行うことによって，金融機関との信頼関係を構築していきました。

2　財産評定

第8章 財産評定等の作成参照

財産評定は，村安税理士が担当することになりました。具体的な資料準備等は金丸部長が行いました。

財産評定は，再生手続開始時に破産したと仮定した場合に債権者が受けるであろう配当額・配当率がどの程度になるかを確認するために作成するものです。破産手続は，早期に集結させる必要がありますので，破産管財人は早期に処分できる価格（処分価値）で会社資産を処分していきます。そこで，財産評定で定める財産の価値は，処分価値と言われております。ちなみに，財産評定を行うために，再生手続開始決定日時点の棚卸が必要になります。

売掛金等は破産時にどの程度で回収できると評価するのは，金丸部長のみではなかなか難しいといえます(7)。村安税理士は，1年以上延滞している先は0評価，支払が滞りがちな先は5割で評価，その余は8割で評価するなど，適宜判断基準を示してくれました。そこで，この基準に沿って，経理担当者の金丸部長が資料整理や入力を行い，村安税理士が数字を確定していきました。

注(1)
経理担当者に具体的な指示を出すことがポイントです。

在庫等も完成品，仕掛品，原材料ごとに適切な処分価値に修正することになりました。棚卸をした結果存在しないモノ，不良品は0評価になります。完成品も倒産会社の完成在庫はなかなか換価できるものではありませんので，1割で評価することになりました。仕掛品は換価できませんので，0評価，

17

原材料はそのまま転売できるものがありましたので、5割で評価することになりました。

不動産鑑定も出来上がり、甲野金属の第1工場は金5,200万円（正常価格は8,000万円）、第2工場は金8,500万円（正常価格は1億3,000万円）が早期処分価格（特定価格）と評価されました。いずれも担保物件で、債務残高が不動産評価を上回るオーバーローン状態でしたので、無担保債権者が回収できるものはありませんでした。

負債の部については、後述の債権認否を踏まえて、策定されました。若干残った預金は相殺処理を想定して、修正を行いました。また、破産時に従業員は全員解雇されますので、会社都合の退職金見込額、30日分の解雇予告手当、破産管財人費用等を計上することになりました。

これらの評価をもとに財産評定はでき上がっていきました（書式❶参照）。財産評定によると、甲野金属の清算配当はまったく見込めませんでした(8)。甲野社長は、自分たちの会社が破産した場合に1円も配当がないのかとがっくりきましたが、岡宮弁護士から、「だからこそ会社再生の価値がある。」「破産した場合よりも多く、実現可能な再生計画を作ることが正義ですよ。」「一緒に頑張りましょう。」と励まされました。

3　債権認否

債権届出も期日までに順次出されていきましたが、全ての債権者が債権届出書を提出してくれるわけではありません。届出がされていない債権者には、届出を促し、それでも出されない債権者には、自認債権として、会社の方から債権の存在を認めることにしました。

また、金額も会社の経理部が把握している数字と合致して

注(8)
破産法上優先的に支払うことになる滞納税金や解雇予告手当等の配当が大きい場合無担保債権者への配当が0になることもあるのです。

いるものか，金丸部長が中心となってチェックすることになりました。さらに，岡宮弁護士と夏垣弁護士が，少額債権の支払をして消滅している債権が届けられていないかチェックを進めていきました。

10　事業の再構築について

第10章
再生計画案の策定方法参照

　甲野金属の取引先の多くは，取引を継続してくれました。しかも弁済禁止の保全処分と再生手続開始決定により，これまでの債権のほぼすべてが支払をしなくて良いことになりました。他方で，売掛金等はほぼ予定通り入金されてきましたので，一時的に手元資金は増えました。

　しかし，民事再生手続開始後，新たに生じた買掛債務については，共益債権という随時弁済が求められる債務になりますので，きちんと支払っていかなければなりません。

　主要販売先のN社とその関連会社は，民事再生手続申立前と同程度の取引を続けてくれると約束してくれましたが，2倍以上あった従前の取引額への早期回復は困難と言われておりました。そこで，新たな販売ルートを開拓する必要があり，そのためにどうすべきか検討することになりましたが，すでに取り組んでいたことであり，難しいことはだれもが分かっています。鉛筆をなめなめで，新規開拓で大きな売上を上げると見込むわけにはいきません。

　岡宮弁護士らから，「売上計画は堅めで」「赤字受注は控えて，利益を優先して」と言われていたので，新規受注のために赤字で受注するようなこともしない堅めの計画にしました。

　岡宮弁護士によると，一番説得力があるのは過去実績であり，これを踏まえて営業担当者ごと，販売業者ごとに数値を

積み上げて作成すべきであるとのことでした。また、銀行は二次破綻を嫌うので、合理的な根拠なく、新規販売先等によって売上が回復する計画の場合には、実現可能性に疑義が持たれてしまうとのことでした。

甲野金属では、甲野社長が中心となり、取引金額の8割に相当する取引業者の利益率をチェックすることにしました。赤字受注の先には値段の改定を依頼し、それが無理な先には取引解消をお願いしていくことにしました。このうちの一部の取引が解消されることを見込んで売上計画を立案することにしました。

以上を前提にすると、若干の新規受注は見込んでも、売上計画（トップライン計画）は4億円（年商）になりました。

しかし、以上の計画の数量を製造するに当たっては、必ずしも2つの工場は必要ありません。当初は、工場2つを存続させることを計画していたのですが、その場合には2つの工場を稼働させるための固定費（固定資産税、最低限の光熱費、人件費）の負担が重く、利益を上げることが困難なことが判明しました。また、2つの工場を守るためには、2つの工場の不動産価値に見合う支払をしていかなければなりません。

甲野社長は、以上の検討を踏まえて、第二工場1つに集約することが合理的と判断しました。第一工場は、売却対象として、担保権者の返済に充てることを計画しました。

また、第二工場1つにするのであれば、従業員は25名で足りると判断されました。そこで、苦渋の選択ではありましたが、15名については整理解雇とせざるを得ませんでした。ただし、労働事件も詳しい夏垣弁護士より、整理解雇を行う際には、整理解雇の4要件（4要素(9)）に十分に注意して下さいと言われていたので、人員選定は年齢基準として、可能な

注(9)
整理解雇の4要件（要素）として
①人員整理の必要性
②整理解雇回避努力義務
③被解雇者選定の合理性
④手続の妥当性
が必要とされています

限り再就職先のあっせんをして、労働者本人の同意を得て、退職していただくことにしました。

その他、役員報酬の削減、諸経費の見直しを行い、損益計画の骨子が完成しました。

11 再生計画草案の起案

1 再生計画草案について

この損益計画によると、10年間の減価償却前営業利益の合計は、2億8,000万円になります。そこから設備投資や税金の支払を控除すると、2億円弱が残ります。

そこで、甲野社長は「この2億円弱が再生債権の支払になるのですね。」と岡宮弁護士らに確認しました。

しかし、岡宮弁護士は首を縦に振りません。「第二工場の別除権評価額が8,500万円(早期処分価格での査定)、リースの別除権評価額が500万円、税金をはじめとする共益債権の支払が約1,000万円ありますので、それを差し引く必要があります。しかも、別除権評価額は確定していないので、この金額次第では再生債権の支払額はもう少し下がる。」とのことでした。

2 少額債権の支払について

甲野金属の債権額を調べてみると、100万円未満の債権者が大多数でした。そこで、10万円以下の部分は100％弁済、10万円超100万円以下の部分は50％弁済、100万円超の部分は6％弁済するという傾斜配分の計画を立案しました。

3　経営責任等

　甲野社長は，自分が残っても良いのか心配でしたが，民事再生手続はDIP型の手続で経営者続投が可能です。甲野社長が退任してしまうことこそ，取引業者離れを加速させ，事業価値を毀損させるので，現経営陣は続投する形で再生計画草案を立案しました。

第12章
経営責任，株主責任参照

4　税務対策

　村安税理士と税金対策についても検討し，期限切れ欠損金を活用したかったこと，評価益の立つ固定資産もなかったことから，別表添付方式を採用することにしました。

　債務免除を受ける場合，債務免除益が立ってしまい，税金が生じてしまうリスクがあります。そこで，村安税理士が中心となって債務免除益にぶつけられるだけの損金発生が見込めるのか計算してもらうことにしました(10)。

第11章
民事再生の税務参照

注(10)
債務免除益が生じて税金の支払で資金ショートしてしまっては再生ができません。そうならないためにも，税理士の関与は不可欠です。

12　金融機関等の主要債権者との意見調整

1　再生計画草案の提示

　甲野社長と岡宮弁護士は，金融機関等の主要債権者再生計画草案を提示することにしました。損益計画を示し，第一工場は閉鎖し第二工場に集約すること，人員削減等の合理化の実施状況等について説明を行いました。損益計画については，もう少し利益が出るのではという意見もありましたが，遂行可能性が低く，二次破綻のリスクがある計画は提示できない旨説明し，おおむね理解を得ていきました。

　傾斜配分弁済の計画については，民事再生の頭数要件の説

2　別除権協定のお願い

　また，岡宮弁護士は，第一工場・第二工場の担保権者のA銀行にその不動産鑑定評価書の写しを渡しました。第一工場は処分予定のため，早期処分価格を別除権評価額とすることに特段異論は出されませんでした。岡宮弁護士は，第二工場についても，別除権評価額を「早期処分価格」として，15か年で収益弁済していく計画を示し，別除権受戻弁済協定の締結を依頼しました。

　これに対し，A銀行からは，①15年は長期の収益弁済であり，長すぎること，②早期処分する物件でもないから，財産評定と同様の早期処分価格を採用することは不適切であり，正常評価で評価すべきであること，③長期弁済になる以上金利も設定すべきとの意見が出されました。

> 第9章
> 別除権者との交渉参照

3　経営責任等について

　経営責任については，金融機関に債権放棄をお願いするのであるから，退任が当然であると主張してくる金融機関もありましたが，これに対しては，甲野社長以外に陣頭指揮を取れる人材がいないこと，人員削減等の大ナタを振るっており，一定の成果が出ていること，過剰債務は現社長ではなく，工場を2つ持った先代以前に原因があること，経営危機になったのも世界的な経営情勢の悪化という避けられない側面もあったことを説明し，理解を求めました。

　また，株主として，甲野社長が残ることにも異論が出され，100％減資を求められましたが，本スキームはスポンサー型ではなく，自主再建型であり，出資をする人材も乏しいこと

> 第12章
> 経営責任，株主責任参照

を説明し，説得を図りました。しかし，金融機関からは，第三者からの出資も入れてもらえると有難いとの意見が出されました。これらの課題については，持ち帰って検討することになりました。

さらに，保証責任にどう対応するのかも質問がありました。これに対しては，岡宮弁護士が甲野社長と事前に相談しており，自己破産で対応する旨回答し，特段，異論は出されませんでした。

13 再生計画の確定

金融機関の意見を踏まえ，また，何度か確認を行い，以下の通り，修正を行い，再生計画を策定させました（書式❶参照）。

① 第二工場の別除権評価額は1億円とする。返済期間は12か年とする。ただし，金利は設定しない。
② 経営者は続投とする。ただし，先代保有の株式（40パーセント）については，幹部従業員と取引先に買い取ってもらう。

14 再生計画案への賛同のお願い

1　監督委員の意見書

再生計画案を提出したところ，監督委員からは，特段，問題ないとの意見書が出されました。

2　再生計画賛同のお願い文書

岡宮弁護士は，主に取引業者向けに，本再生計画案が破産

した場合に比べて回収額が増えて経済合理性に優れていること，会社が残ることで，取引業者にとっても今後も取引継続ができることを説明した文書を発送して，議決票の書面投票の送付依頼ないし委任状の岡宮弁護士への返送を依頼した文書を発送しました（書式❶参照）。

3　票読みについて

　書面投票が続々と届いており，それを確認したところ，すでに議決権者の過半数の同意は得られておりました。しかし，議決権者の議決権の総額の2分の1以上の同意は得られておりませんでした。その理由は，A銀行が同意・不同意の意思を示していなかったからです。

　そこで，岡宮弁護士は，A銀行とアポイントを取り，別除権協定締結と再生計画案への同意をお願いに行きました。岡宮弁護士が確認したところ，次回の役員会が債権者集会前に行われるので，そこで最終意見を決めるとのことでした。A銀行の担当者は，毎月きちんと月次報告等の情報開示を行っていただき，感謝していると述べたうえで，「再生計画案成立後もきちんと情報開示をしてもらえるんでしょうね。」と聞いてきました。

　岡宮弁護士は，情報提供が大事と理解していたため頷いたところ，A銀行の担当者は，「先生の言葉を信用していますよ。きちんと甲野金属を見てくださいね。」「本部に稟議を上げます。」と言ってくれました。

15　再生計画の債権者集会

　債権者集会当日は残暑の厳しい日でした。甲野社長は集会

前日はあまり寝付けませんでした。岡宮弁護士は，大丈夫だと思うと言ってくれましたが，態度を明らかにしていない債権者がおり，再生計画の可決については予断を許さない状況と思われたからです。債権者集会場には，A銀行の担当者や取引業者など20名ほどが出席しました。

時間になり，裁判官が債権者集会場に入ってきました。

裁判官は，「出席債権者の頭数の過半数と総議決権額の2分の1以上の賛成が得られた場合は認可，これ以外は清算となります。」と述べ，代理人弁護士・監督委員に付け加える点がないかを確認しました。次に，出席債権者に質問がないかとの問い合わせを行いましたが，誰も意見や質問を口にする人はいませんでした。

裁判官の声が法廷に響きます。「これから投票に入ります。」「議決票の賛成・反対のところにマルを書いてお名前をください。」しばらくたって，出席者全員の投票が終わりました。裁判官は，「（集計のため）しばらくお待ちください。」と言って，およそ10分程度待たされました。

裁判官から，「投票結果が出されました。投票者総数30名，賛成者数30名，出席者数全員，議決権総額の99％の同意を得て，本再生計画は可決されました。特段，不認可事由もないことから，即日，認可決定を出します。」との言葉がありました。

岡宮弁護士によると，今後，約2週間後に官報に認可された旨掲載され，官報掲載後2週間を経て，認可決定が確定するとのことでした。

16　甲野金属のその後

　その後，認可決定は無事に確定しました。岡宮弁護士は，債権者に対し，再生計画認可決定確定のお礼文書を送り（書式❷参照），甲野社長は個別に挨拶に回りました。

　甲野金属は，現在，地道に事業を継続しております。

　甲野社長は，自己破産か民事再生のどちらも選べるとのことでしたが，結局，自ら破産を選択することになりました。連帯保証債務だけでなく，多額の住宅ローン債務も一度，リセットしたいと考えたからです。半年後に免責決定が出され，多額の連帯保証債務もすべて消滅しました。

　では，社長のご自宅はどうなったのでしょうか。

　自宅の処理についても，岡宮弁護士に相談し，会社の工場を鑑定した不動産鑑定士に簡易鑑定を依頼しました(11)。評価額は1,800万円（早期処分価格）でしたので，住宅ローン債権者と相談し，早期処分価格＋αの2,100万円で親族への任意売却を行いました。甲野社長は，その親族に一定の家賃を支払って，現在もその家に住み続け，家族も安心して生活しています。

　これにより，甲野金属の事業，甲野金属の従業員の雇用，甲野社長一家の生活は守れることになったのです。

注(11)
簡易鑑定の方が正式鑑定よりも低額でお願いすることができます。

第2章 いつ誰に相談するか
CHAPTER 2

1 相談できる相手は必要

　甲野社長は，会社が苦しくなった後も誰にも相談しておりませんでした。
　誰でも，窮境状態に陥った場合には，冷静かつ合理的な判断ができなくなってしまいます。ましてや，迷惑をかけている取引先，銀行，従業員に申し訳ないとの気持ちが先に立ってしまい，冷静かつ合理的な判断を望むことは非常に難しくなり，正しい判断ができないことが少なくありません。精神的サポートをする第三者が必要になる所以です。
　また，窮境に陥った局面においては，特定の第三者のみに支払（や担保設定）をさせられたり，資産散逸などが起こりやすく，混乱状態に陥ることも少なくありません。税務上の問題も多々出てきます。混乱を回避するためにも，無用な税務リスクを回避するためにも，倒産・再生案件の処理に詳しい専門家が必要になることは多いはずです。
　甲野社長の案件の場合も，一部の金融機関から新たな担保設定を求められておりますが，これも専門家に相談しないで安易に応じますと，一部の債権者のみを有利に扱ったとして法律上も問題となってしまいます（偏ぱ行為といって，事後的に取り消される行為になりえます）。また，元々手形を使っていなかったにもかかわらず目先の資金繰りのため手形振出しもしてしまっておりますが，万一

の際には不渡りを起こし，これも倒産リスクを高める行為です。銀行の支払を優先して，税金の支払を遅らせるのも自ら倒産を招いているような行為と言えます。

これらは専門家に相談していれば防げた事態かもしれません。

2 いつまでに相談するべきか

1 早めの相談が大事

では甲野社長はいつまでに相談していれば良かったのでしょうか。

窮境に陥っている局面といっても，一様ではありません。イメージ的には以下の図のとおり，早い段階に対応すればするほど債権者への迷惑を小さくできますし，会社の事業価値を毀損しないうちに対応できることになります。

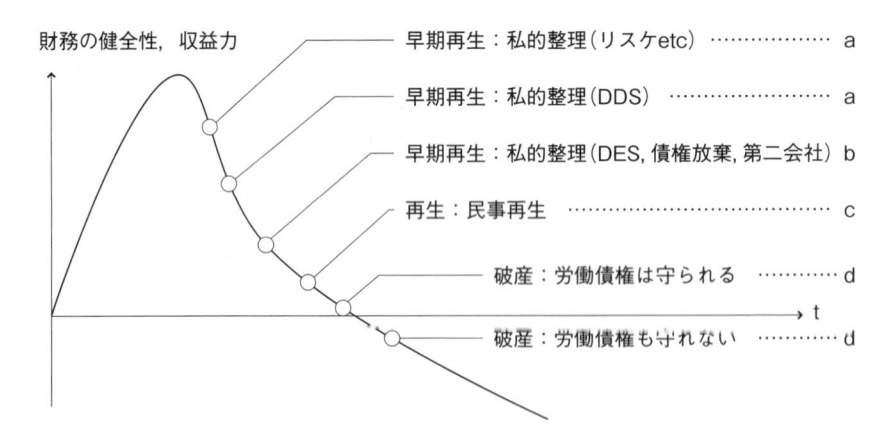

```
財務の健全性，収益力
                        早期再生：私的整理（リスケetc） ……………… a
                        早期再生：私的整理（DDS） ………………… a
                        早期再生：私的整理（DES，債権放棄，第二会社）b
                        再生：民事再生 ……………………………… c
                        破産：労働債権は守られる ………… d
                                                    → t
                        破産：労働債権も守れない ………… d
```

a 私的整理が可能で全額弁済できる段階

窮境に陥ったとしても，当初は銀行に対する元金の支払のみを停止し，利払のみを続ける内容での「リ・スケジュール」による処理が可能なことも少なくないはずです。

ところが，それでも資金繰りが厳しい場合には，利息の支払まで停止しなけ

れば（事実上の延滞状態），事業継続ができないことも少なくありません。

　もっともこれらの段階であれば，一時的に有利子負債の返済を減らして，収益力が回復してから，改めて支払を再開することにより，（一定の時間はもらいますが）銀行を含めてすべての債権者の債権回収を害さないで済みます。

　b　私的整理が可能なものの有利子負債の削減が必要な段階

　それでも収益性の回復が厳しい場合，もしくは（銀行等の）有利子負債残高が重い場合には，有利子負債を減らしてもらわないと，事業再生が図れない段階に至ってしまっていることもあります。

　この場合には，直接，債務免除をしていただく方式，第二会社を設立して，承継する有利子負債を減らしていただいて実質的に債務免除をしていただく方式などが考えられます。

　aのみならずbの段階も，銀行のみを相手として，再生を図ることが可能な段階であり，法的整理である破産や民事再生を使わない「私的整理（私的再建）」が可能な局面といえます。裁判所を活用しないことから，信用不安等が生じることが少なく，事業価値の毀損が生じにくい点が「私的整理（私的再建）」のメリットといえます。

　c　法的整理が必要になるものの，再生を目指すことが可能な段階

　もっとも，取引業者の債務の支払が滞ってしまっているとか，手形の支払原資すら不足しているなどの理由により，どうしても私的整理を選択できない場面もあります。

　このような場合には，法的整理（民事再生・会社更生）の検討が必要になります。銀行等の有利子負債や取引業者の負債のカットが必要になるものの，収益力がある会社や収益力の回復が見込める会社の場合には，再生型の法的手続である民事再生や会社更生を選択し，事業再生を目指すことが可能となります。中小企業の場合には，ほぼ民事再生手続を選択することになります。

　なお，民事再生手続の場合には，「清算価値保障原則」という大原則がありますので，dの破産手続よりは債権者にとって経済合理性のある手続といえます。また，手続保障の観点からも，債権者は再生手続への賛否を表明するとい

う形で再生手続に関与することが可能です。

　　d　事業再生が不可能な場合

　しかしながら，①事業性が完全に失われており，半年ないし1年程度で収益性を回復させることが到底不可能であるとか，②スポンサーが現れる見込みが全くないとか，③労働債権や税金など民事再生においても債務カットができない共益債権・優先債権の滞納が多額に上っているような場合には，事業解体型の処理（破産・特別清算）しか望めない場面もあります。

　この場合には，会社資産は破産管財人のもとで換価されるだけであり，会社がこれまで築きあげてきたビジネスモデルを活かしての収益弁済も期待することはできません。

　当然のことながら，債権回収額は非常に小さいものになることが多いですし，（特別清算は別として）債権者の意向を積極的に反映させる手続でもありませんので，債権者・債務者双方にとって望ましくない手法といえます。のみならず，従業員の雇用喪失，取引業者の連鎖倒産などでデメリットは計り知れません。

　以上のとおりですので，少しでも早く企業再生の専門家に相談し，日々助言を得ることが大切になってくるわけです。

2　問題に気付くためにも準備が必要

　これらの事象を正確に把握するためには，会社の方できちんとした財務資料や資金繰り表の管理をしていることが前提となります。

　これまで財務資料の作成は税理士任せにしており，資金繰り表も作成したことがない会社は1日でも早く資金繰り表の作成を始めましょう（資金繰り表の作成方法については，「私的再建の手引き」税務経理協会，2011年85頁以降参照）。

3　専門家に相談に行くタイミング
　　　── 特に民事再生の相談に行くべきタイミング

　前述のとおり，少しでも早いタイミングで相談に行くべきですが，遅くとも次のような場面では企業再生の専門家に相談に行くべきと考えます（詳細は私

第2章 いつ誰に相談するか

的再建の手引き7頁参照)。

① 手形不渡りのリスクが生じうる状況にある会社(「不渡リスク」)
② 資金ショートが予想される会社(「資金ショートリスク」)
③ 収益力が低下している会社(PL不振)
④ 借入過多(過剰債務)の会社
⑤ 実質債務超過の会社

このうち,③~⑤だけが問題となっている場合には,民事再生などの法的整理に限定せず,私的整理で事業再生を図れる場面も十分にあると思われます。

もっとも,**①不渡リスクがある会社,②資金ショートリスクがある会社は,早期に企業再生の専門家,特に民事再生の申立経験のある専門家(弁護士)に相談に行くべきと考えます。**

なぜなら,③~⑤の局面は,会社の状況が悪いことは確かですが,直ちに資金繰りに問題があるわけではなく,会社の自助努力と金融機関のご理解により私的整理によっても事業再生が図れる場面が少なくないからです(もっとも,法的紛争を抱えていたり,多額の簿外債務があるなど特殊事情がある場合には,透明性のある法的整理(民事再生)の方が合理的な場合もあります)。

他方で,①②の局面は,資金がショートしかけており,このまま放置すれば,倒産という事態に陥ってしまう段階にあり,裁判所の力を借りて,すべての債務の支払を止めたり,手形不渡りを止める必要があるといえるからです。

3 誰に相談するべきか

1 相談の候補者

窮境に陥った会社の経営者が相談する先としては,次の候補者が考えられますが,①不渡リスクがある会社,②資金ショートリスクがある会社,そこまでいかなくとも,色々とトラブルを抱えている会社は,私的整理のみならず,民事再生を含めて多角的に検討する局面になりますので,**弁護士・税理士(公認会計士)が必要不可欠**になってきます。

なぜなら，民事再生や破産などの法的処理は裁判所に申立を行うことになるわけですが，これらは法的知識が必要だからです。申立代理人は弁護士しかなることができません。

また，民事再生などの事業再生型法的処理の場合には，債務免除益の試算や財産評定など税務・会計の専門家の力が必要になるので，税理士（公認会計士）の援助が絶対に不可欠です。

2　弁護士

民事再生の依頼は弁護士以外にはできません。

私的整理に加えて，民事再生のような法的手続を含めて様々な再建手法を多角的に検討し，何が当該会社にとって最も良い解決かを考えることができるのが弁護士に相談し，依頼する大きなメリットです。

しかし，弁護士にも，企業法務，一般民事・家事など色々と専門分野があります。一般民事，家事などの訴訟事件を多く抱えている弁護士は，連日，裁判所の予定が入っていることが多く，会社に何日も張り付いてもらうことを期待するのは難しいかもしれません。

誤解を恐れずに申し上げますと，再生案件の経験が乏しい弁護士は，どうしても破産手続の申立を優先的に検討してしまうといわれております。なぜなら，再生案件はやったことがないけれども，多くの弁護士は破産申立はやったことがあるからです。破産の方が慣れているのです。リ・スケジュールで十分に再建ができる会社まで破産手続や民事再生手続を申立してしまうことがあると聞きます。

民事再生の業務は，裁判所で白黒を付ける民事事件と随分と違います。再生の現場では，弁護士が赴くのは，裁判所だけでなく，会社であったり，銀行であったり，取引業者であったりします。じっくり証拠を探して白黒付けるよりも，その場その場で判断が求められることになります。債権者との間では，和解的な処理が必要になることも多いといえます。再生債務者の会社に何日か張り付かなければならないこともあります。その意味で，専門的な業務，特殊な

業務といえます。複数人でチームを組んで行うことが必要な業務ともいえます。

そこで，**民事再生の申立を検討する段階になっているのであれば，その道の弁護士に相談した方が安心できる**ことが多いでしょう。企業再生専門の弁護士であれば，ネットワークによって，経験のある弁護士の手配も可能で適切なチーム組成が可能なことが多いからです。

また，民事再生の申立となった場合には，代理人弁護士は，それこそ会社と二人三脚で歩いてもらう存在になります。民事再生を申し立てる会社は，代理人弁護士から，これはしてはいけないなどと注意をされる立場にも立ちます。そこで，**代理人弁護士と申立を行う会社の間には，深い信頼関係が必要**です。

弁護士選びのポイントとしては，①資金繰りがもつ以上，会社は倒産しないということを理解しているか否か（安易に破産申立てを薦めていないか），②きちんと決算書，資金繰り表が読めているのか否か，③民事再生の申立経験があるのか否か，④今後の見通しをきちんと説明できるか否か（甘い見通しのみを言っていないか），⑤何よりも信頼ができるか否かでしょうか。

3　税理士（公認会計士）

民事再生にあたっては，税理士（公認会計士）の協力は不可欠です。必要な財務資料や資金繰り表の作成を依頼する必要がありますし，会社の窮境原因（倒産状態になってしまった原因）についても詳しく知っていることが多いからです。

また，民事再生手続には，様々な税務問題が生じますし，財産評定の策定支援をしていただく必要もあります。会計・税務の専門家の知恵は必要不可欠といえるでしょう（本書でも第8章，11章以下でいくつかの税務上の問題点や財産評定のやり方を取り上げています）。

このように税理士や公認会計士は，民事再生手続に不可欠な存在です。

4　コンサルタント

コンサルタントには色々な方がいます。資格（中小企業診断士等）を有する方から，経験・ノウハウをもとに業務をされる方まで様々です。

コンサルタントの中には，企業再建のための専門的な経験・ノウハウを有している方も多くいらっしゃいます。また，当該会社の事業に精通し，事業の立て直し方を知っている方もおり大変心強いものです。

しかし，民事再生など法的手続の申立を含めて幅広い検討ができないのはデメリットでしょう。

そのために，本来は民事再生が適切な案件であるにもかかわらず，無理やり私的整理で進めてしまい，悪い結果となってしまうこともあるかもしれません。

5 取引先・同業者

取引先には仕入先，販売先があります。日々の業務の中で信頼が深まり，相談できる取引先や同業者もいらっしゃるかと思います。

しかし，少なくとも，①不渡リスクがある会社，②資金ショートリスクがある会社，そこまでいかなくとも，色々とトラブルを抱えている会社の場合には，取引先・同業者には相談すべきではありません。

特に民事再生検討段階に至ってからは，絶対に相談してはいけません。たとえば仕入先は売掛金（会社から見たら買掛金）を持っているわけです。仕入先があなたの会社を危ないと知れば，債権回収を始めたり，取引を縮小するかもしれません。社長の方が「うちは民事再生はしない。信用してほしい。」といっていたにもかかわらず，民事再生を申し立てた場合，取込詐欺とまでいわれなくとも，大きなトラブルになってしまい，今後の事業継続にも大きなマイナスです。

相談相手が販売先の場合には，倒産するような会社からは商品を買いたくないと考えるかもしれません。相談相手が同業他社であれば，これを機に貴社から取引先を奪おうとするかもしれません。

何よりも相談をすることにより「風評リスク」が生じることが怖いです。取引先や同業者は，守秘義務を負っていません。いわゆる業界情報は非常に早く伝わるのが世の常です。

6　家族・親族

　家族や親族は，一番信頼できる相談相手でしょう。甲野社長も妻に相談し，妻の実家から，お金を借りて，会社の運転資金に使ってしまいました。

　しかし，一般的に，家族や親族に安易にお金を出してもらったり，保証人になってもらうのは慎むべきです。特に民事再生を検討する段階になってからは絶対にしてはいけません。

　最終的に借りたお金を返せなくなったとき，親族に迷惑をかける場合には，会社だけでなく，一生付き合うべき家族関係・親族関係まで壊れてしまうこともあるからです。

　万一お願いするとしても，弁護士に相談の上，民事再生の申立費用等会社再生に役立つ費用に限定するべきです。例えば申立後ないし，開始決定後の借入にするべきです。再生手続開始後の借入はDIPファイナンスといわれますが，これは共益債権といって債務免除の対象になりません。ずるずると親族からの借入が増えたり，保証人が増えるような事態だけは絶対に避けるべきです。

7　取引銀行

　借入を受けている金融機関に真っ先に相談に行こうと考える方もいると思います。

　しかし，金融機関とは利害が対立する可能性があるので，支援をするといってもおのずと限界があることを忘れてはいけません。民事再生の申立を感付かれてしまったら，流動性の預金はロックされてしまうかもしれません。ロックをされてしまうと運転資金が枯渇し，再生どころではなくなります。

　また，一部の金融機関のいうことだけを聞いて返済や担保設定に応じてしまっては，他の金融機関の反発が起こること必至です。また，民事再生などの法的手続を申し立てた場合には，事後的に一部の債権者のみへの返済や担保設定は，否認（取消）されるリスクが大いにあります。

8　公的機関（中小企業再生支援協議会）

　中小企業の場合には，過剰債務についての相談をする公的機関としては，中小企業再生支援協議会が考えられます。

　中小企業再生支援協議会は，いわゆる産活法に基づき，経済産業大臣から中小企業再生支援業務を行うものとして認定された「認定支援機関」に設置される組織です。各地の商工会議所等が認定されており，現在，全国47都道府県に1か所ずつ設置されています。

　私的整理の局面では，中小企業再生支援協議会は非常に有効な機関になります。中立・公正な立場で相談に応じてくれますので，銀行もその意見には耳を傾けやすいものです。

　しかし，中小企業再生支援協議会は私的整理の枠組みの中で利用する機関であります。

　民事再生手続に関与できないことに留意すべきです。ちなみに私的整理で進めるとしても①不渡リスクがある会社，②資金ショートリスクがある会社，そこまでいかなくとも，色々とトラブルを抱えている会社の場合には，私的整理の枠組みで処理するのが難しいため，専門家チームを組んで対応してもらうこと（第二次対応といいます）まで進むことは難しいと思われます。

第**3**章 民事再生の意義
CHAPTER 3 ―他の手続との比較を通じて

　甲野社長は，岡宮弁護士に対しこれまでの経緯を説明し，民事再生の申立を検討している旨話をしました。しかし，民事再生がどういうものかよく分かりませんので，また，他の手続との違いもよく分かりませんので，率直に質問してみました。

　岡宮弁護士は，さっそく，甲野社長に対して，民事再生手続の特徴，メリット，デメリット，注意点等を説明してくれました。

1　民事再生の特徴

　民事再生を利用した手続は，①事業再生の手法であること，②裁判所の関与する法的手続であること，③自主再建手続であることが主たる特徴となります。
　以下，この3つの点について他の手続と比較しつつ説明いたします。

1　再生手続と清算手続の違い

a　清算手続との違い

　まず，民事再生は，事業再生の手法であるという点で，事業の解体，清算を目的とした手続（破産，特別清算，任意清算）と大きく異なります。
　民事再生法は，第1条で，民事再生の目的として，「経済的窮境にある債務者について，その債権者の多数の同意を得，かつ，裁判所の認可を受けた再生

計画を定めること等により，当該債務者とその債権者との間の民事上の権利関係を適切に調整し，もって当該債務者の事業又は経済生活の再生を図ること」をうたっています。

したがって，全体の手続も，「事業の再生」という究極目的の実現のために制度設計をされています。具体的には，再生手続の開始によって，開始決定時に存在している債務（取引債務や金融債務等）の弁済（支払）は原則として停止（棚上げ）され（法85条1項）当該債務は，再生計画案で定める権利変更条項に従って権利変更（債務免除）されることとなります。これによって，再生債務者は，従来の過大債務，過剰債務を身の丈にあった水準まで軽減してもらうことで資金繰りが改善し，ひいては事業の再生を目指すことが可能となるのです。

b 再生手続と清算手続の分かれ目

再生手続は，文字どおり，いったん窮境に陥った事業（会社）を存続させて事業を維持する活動ですので，**経営者の方の再生への意欲・情熱と，利害関係者の理解を得ることが不可欠**です。特に，債務免除を伴う案件では，債権者から理解と協力を得ずして再生を図ることはできません。

それ以外にも，**事業を存続させる前提として，一定の事業収益力があること**が必要です。再生手続着手の時点で，減価償却前営業利益が黒字であるか，営業キャッシュフロー（営業収入－営業支出）がプラスであること（たとえその時点で赤字だったとしても，再生手続着手後，早急に黒字化できる見込があること）は不可欠です。

また，窮境局面にある会社は，通常，金融機関から新規融資を得ることは大変困難な状況にあるでしょうから，手許の資金繰りも非常にタイトになっていると想像されます。民事再生を申し立てた直後は，過去の支払を棚上げしてもらえる反面，今後は，取引業者との間では現金決済を強いられることが多いです。そのため，再生手続を進める期間にわたって，（一定の）**資金繰りのメド**がついていなければなりません。

どうしても再生をすることが困難な場合には，清算手続を選択するとの判断をせまられることになります。しかし，事業（会社）の窮境状況が極めて悪化

しており売上総利益段階で赤字となっている場合や，買掛債務中従業員らへの給与等の支払が相当程度遅れてしまっているような場合には，早期に破産による清算を決断する方が利害関係者にとって有益と考えられます。このような場合には，経営者は「勇気」をもって会社を清算すべく決断することも必要なのです。

2 法的手続であることの特徴

a 法的手続であることの特徴

民事再生は，裁判所の関与のもとで進められる法的手続です。この点で次の特徴があります。

① 中立公正な裁判所（及び監督委員）が手続の進行にとって重大な意義を有することになります。

② 再生債務者は，債権者に対して公平誠実義務を追うことになります（48頁参照）。

③ そして，債権者は，法律の定めによってのみ権利行使が認められます。再生手続が開始されると，再生債権に基づいて新たな強制執行を行うことはできず，既にされている強制執行については中止することになります（法39条1項）。既に係属中の訴訟については，中断することになります（法40条1項）。これらの規定によって，債権者が再生手続外で個別的に権利行使することは封じられているのです。

④ 再生計画案で債務免除を求める内容が多数決で可決される場合には，当該計画案に反対の立場であっても強制的に債権をカットされることになります（多数決原理の採用）。

⑤ 法律に則ってスケジュールが明確という点も特徴的です（書式❶参照）。

⑥ 民事再生の場合には，債権者の税務処理が明確です。民事再生計画認可決定があった場合，この決定によって切り捨てられることとなった債権の額は，その事実の発生した日の属する事業年度において貸倒れとして損金の額に算入することになります（法人税基本通達9－6－1）。

b　会社更生との違い（自主再建手続であること）

　民事再生手続のもう1つの特徴は，自主再建が可能ということです。これは**債務者が自力で会社を再建させていくという手続**ということです。民事再生の大きな特徴の1つとして，債務者は，手続が開始した後も，自分が有する財産の管理処分権能を失わず，引続き，自らが主体となって手続を進めることを予定した制度であることがあげられます（法38条1項）。

　すなわち，自らの経営権を維持したまま事業の再生を図ることが可能なのです（この点をとらえて，DIP —— debtor in possession手続と呼ばれることがあります）。

　同じく再生型の法的手続として，会社更生という制度がありますが，会社更生は民事再生と異なり，一般債権者だけでなく，担保権者や租税債務も拘束できる点で，民事再生よりも強力な手続ではありますが，更生手続開始の申立があれば，最初は保全管理人が選任され，その後，開始決定があれば，更生管財人がつきます。原則として，現経営陣は全員交代させられてしまいます。

　このように民事再生の場合には，現経営陣が従来通り経営していくことを前提とするという特殊性があります。中小企業の場合は，社長の顔で商売している面が多々あり，簡単に社長の代わりがいないことが多いでしょう。したがって，民事再生手続は現状を踏まえた合理的な制度といいます。

c　私的整理（私的再建）との違い

　事業再生を目指す手法としては，裁判所を介しない私的整理と呼ばれるものもあります。

　私的整理手続は，（一般的には）金融機関のみを対象に「裁判外で」交渉する手続です。

　私的整理で行う場合，金融機関等の一部の債権者のみを対象とし，取引業者等を巻き込まないように手続を進めます。特に，民事再生と異なり，債務者が倒産の危機に瀕している事実は通常公表されませんので信用不安が生じにくく，**事業価値の毀損を大きく回避できるメリット**があります。

　しかしながら，私的手続であることから，以下のデメリットも認められるところです（これらは民事再生のメリットの裏返しといえます）。

まず，私的整理は，あくまで債権者との個別の合意形成を目指す手続ですので，計画に賛同しない債権者を拘束することができません。特に，強硬な債権者が法的手続（仮差押え，訴訟提起，担保権の実行等）を利用して債権回収に着手する場合，これを制限することができないのです。

　また，債務免除を伴う再生計画を立案したとしても，計画に同意しない債権者に対して，権利変更を強制することはできません。私的整理が成功するためには，原則として全債権者の同意が必要となるため，一部債権者がどうしても賛成しない場合には，手続全体が崩れてしまうリスクがあるのです。

　さらに，「私的」手続であるがゆえに，手続全体の適正性，公正性，透明性の担保が困難であるという問題もあります。特に，債務免除を伴う計画を立案する場合，計画の合理性だけでなく相当性の担保をどうやって確保するかは難しい問題といえるでしょう。

　また，手続の対象となる債権者間の意見調整，説得のためにある程度時間がかかることから，スケジュールが不明瞭となってしまうことも否めないでしょう。

　債権者の税務処理という点では，債権者が私的手続で債権放棄に応じた場合，税務上の貸倒損失が認められるかどうかは不透明な場合があるという問題もあります。

　このような弱点はあるものの，事業の再生を図る上で，私的整理には信用不安，連鎖倒産の回避が可能という大きなメリットがあります。そのため，私的整理になじむ事案である限り，同手続で再生を目指すのが望ましいといえます。

2　民事再生で再生すべき場合
（私的整理が適切ではない事案）

　しかしながら，以下のケースでは，民事再生の申立を最優先で検討する必要があります。

1 事業負債の支払停止をしなければ資金ショートが回避できない場合

　金融機関からの借入金の返済だけでなく，それ以外の**買掛金等の事業負債の支払まで止めないと資金ショートを回避することができない場合**には，民事再生の申立によって，買掛金等の債務についても棚上げにしてもらうしかありません。

　特に，近いうちに手形決済資金が枯渇することが見込まれる場合（不渡りの危険がある場合）には，民事再生の利用を検討するべきです。

2　個別的債権回収行為への着手が生じている場合

　私的整理では，お願いベースで返済を待ってもらう形になりますので，協力に応じられないと判断した債権者が，債権回収行為に及ぶことを制限するような法的効力はありません。

　そして，一部の債権者（反対債権者）のみが個別的に債権回収を進めるとすれば，そのような抜け駆け的債権回収行為は，債権者間の平等を害する偏ぱ的行為として許されるべきではありません。また，このような事態を放置すれば，他の協力的な債権者としても，債務者会社や反対債権者に対する不信感，不公平感から以後の協力に応じることができなくなりかねません。

　そのため，債権者間の平等を実現するためには，民事再生を利用せざるを得ないことになります。

3　債権者の経営者に対する不信感が強い場合

　債権者が会社の再建には協力したいと考えているが，経営者に対して，強い不信感をいだいており，私的整理での協力には応じられないとの意向を有している場合には，民事再生によって透明性を確保した中で債権者の理解を得つつ再建を目指すほかありません。

4 信用毀損リスクが小さい場合

業種によっては，仕入債務や商取引債務がほとんどない事業があります。また，会社の商号という個性と，当該会社の事業とがあまり関連を有しておらず，風評リスクが比較的小さいケースもあります。

このような場合，民事再生による信用毀損リスクが小さい一方で，法的手続による透明性，公正性は確保できることから，私的整理で進めるよりも民事再生の方が債権者にとって望ましいかもしれません。

5 スポンサーの意向が強い場合

会社に協力的なスポンサーが存在する場合には，スポンサーの意向から民事再生を選択すべき場合もあります。再生計画の認可決定が確定すると，再生債権については，再生計画に定めた内容に従って権利内容の変更（＝債務免除）が生じます。そのため，再生債務者に対して出資や事業譲渡を検討しているスポンサーとしては，想定外の簿外債務を承継するリスクにさらされることなく，支援が可能となるというメリットがあります。

3 民事再生の限界・デメリット

民事再生は，事業再生（債務免除）を図る手続として有用であることに疑いはありませんが，以下の限界・デメリットが存在することも事実です。**1**がデメリットであり，**2～4**が限界になります。

1 一定程度，事業価値の毀損が避けられない

第一に，全ての債権者が対象となってしまうことです。少額債権者など一部の例外はありますが，原則として，商取引債権者の債権も債務免除の対象とせざるを得ません。つまり，取引相手に損失を与えることになってしまいます。

加えて，法的再建手続の場合には，事業規模にもよりますが，一定程度の大

きな企業であれば，新聞，テレビ等により，取引先や顧客に対して，倒産の事実が知れ渡ることになってしまいます。「再生」という前向きな手続であるにもかかわらず，残念ながら，「民事再生＝倒産」という烙印を押されてしまうことも否定できません。

その結果，民事再生手続が開始されると，事業に必要な取引先を失うことも考えられます。特に流通業などの企業間取引で信用を大事にする商売，多数の取引先を相手とする商売の場合には，信用悪化により，業績が一定程度，ダウンするなど事業価値が毀損してしまうリスクが高いといえます（他方で，業種によっては，それほど事業価値が毀損しにくいという商売もあります。詳しくは弁護士等の専門家にご相談ください）。

信用毀損が事業価値を決定的に失わしめるような事業の場合，弁護士等の専門家にも相談の上，スポンサー型の手法を検討するのが有用なこともあります。

2　主要債権者の意向が重要

民事再生には，多数決原理が導入されているといっても，主要な債権者の意向は無視することはできません。

確かに私的整理の場合には，全員同意が原則なため，多数決原理で押し切れるというのは，私的整理に比べた長所ともいえます。

もっとも，民事再生で採用されている多数決は，単純多数決ではなく，再生手続に参加している債権者中，**債権者（正確には議決権者）の過半数＋債権額（議決権者の議決権額）の総額の2分の1以上の同意が必要**とされています（法172条の3第1項）。商取引先の債権者は，頭数は多い反面，一社当たりの債権額は相対的に少ないと思われます。通常は，メイン格の金融機関を筆頭に，銀行に対する金融債務が債権額の大部分を占めるでしょうから，自ずと，**主要金融機関の意向を無視することはできない**ことになります（事業が特定の仕入先に大きく依存している場合には，当該仕入先債権者の意向は極めて重要でしょう）。

したがって，再生債務者と主要債権者との間の信頼関係が著しく悪化し，修復を図る見込がないような場合（たとえば，通常の不適切経理を逸脱する悪質な粉飾

決算が行われており、それが窮境の大きな原因に至っているにもかかわらず、責任の所在が明確化されていないような場合）には、債権者集会で再生計画案が否決されてしまう可能性があります。その場合には、破産手続の中で事業は解体、清算されることになります。

　当たり前のことですが、このような事態を回避するためには、経営者は、倒産危機に瀕する以前の平時において、法律上のコンプライアンスはもちろん、倫理的・道義的な見地からも誠実な経営を心掛け、債権者との信頼関係を構築することに努めるべきです。

3　担保権者を拘束できない

　民事再生手続では、抵当権者等の担保権者は「別除権者」として扱われ、手続外で権利行使（担保権実行）することを阻止しえないという限界があります（法53条1項、2項）。つまり、別除権者（担保権者）は、担保権者という地位に基づき、法律上、自己の債権について、優先弁済を図ることが認められているということです。

　再生債務者が事業継続を図る上で不可欠な財産（工場、在庫、売掛金等）上に担保権が設定されている場合、別除権者が権利を実行するかどうかは、再生の可否を検討する上で、極めて重要な要素となります。

　確かに、民事再生手続においても、別除権者の権利行使を一定期間停止させたり（担保権の実行手続中止命令。法31条）、担保権消滅手続（法148条）によって担保権を消滅させることも可能です。しかし、これらの手続は、別除権者が権利行使する機会を一時的に制約することができるにとどまりますし、常に利用できるわけではありません。原則的には、担保権の行使そのものを阻止することができないものと理解した方が良いでしょう。

　したがって、前述の主要債権者の場合と同様、別除権者（実際上、主要債権者が同時に再生債務者の主要な財産についての別除権者の地位を有していることが多いと思われます）の理解を得ずして、円滑に再生手続を進めることは極めて困難でしょう。

4 優先債権者を拘束できない

　民事再生は，原則として，再生手続開始の時点で存在している債権を対象とする手続ですが，**共益債権及び一般優先債権に該当する債権については，再生手続開始前に存在しているものについても，再生手続によらないで随時弁済しなければなりません**（法121条，122条）。

　これらの債権は，法律上，優先債権としての地位を認められていますので，民事再生においても，その地位を尊重しなければならないことに基づきます。

　通常の一般債権（商取引債権，無担保の借入金）は，再生手続の中で債務免除が可能ですが，これらの優先債権をカットすることはできません。そのため，滞納している税金や，未払となっている給料が多額にのぼる場合には，事業再生を進める以前に，優先債権への返済を強いられることによって資金が枯渇し，清算に追い込まれる可能性も否定できないのです。

4 民事再生の注意点

　民事再生手続の主体となるものを「再生債務者」といいます。民事再生の手続は，窮境にある会社が，裁判所に対して，民事再生の手続開始を申し立てることによってスタートします。

1 義務の主体でもある

　再生債務者は，民事再生の手続の主体となる一方で，手続の開始によって，**債権者に対し，公平かつ誠実に，権利を行使し，再生手続を遂行する義務を負**うことになります（法38条2項）。再生債務者は公平誠実義務を負うといわれております。

　民事再生を申し立てる以前の段階では，債務者は，自らの利益を追求するべく，自由に取引を行い，また，権利義務の主体・客体となることができました。

　しかしながら，民事再生を申し立てた債務者は，以後，債権者らとの間で権

利調整を行うことになります。その点で、債権者の利益を代表する性格をも有することになります。

その結果、再生債務者は、自らの利益のみを追求するのではなく、債権者の利益代表者としての地位に基づき、適切に手続を遂行し、財産を管理処分することが求められるのです。

したがって、再生債務者は、特定の債権者に対して抜け駆け的に返済をしたり、財産的価値のある資産を不当に安く売却する等して会社財産を流出させるような行為は、総債権者の利益に反し、公平を害するため、厳に慎まなければなりません。

2　一定の行為の制限を受ける

民事再生手続開始決定が発令されると、再生債務者の行為のうち、一定の事項について、裁判所の許可や監督委員の同意が必要とされることがあります。たとえば、財産の処分（ただし、日常的な取引行為に関するものは除外されることが多いです）、借財・手形の割引、権利の放棄、別除権の目的である財産の受戻しといった行為については、多くの裁判所で、監督委員の要同意事項とされているところです。

再生債務者がこれらの制限に違反すると、裁判所によって管理命令が発令されたり（その結果、財産の管理処分権がはく奪され、管財人が選任されることになります。法64条1項）、再生計画が不認可となったり（法174条2項1号）、再生手続が廃止されたりする（法193条1項2号。その結果、破産に移行することになります）といった不利益を受けることがあります。

そのため、上記の制限に反しないよう心掛けるとともに、制限に該当するかどうかが明確でない場合には、適宜、申立代理人弁護士と相談しながら手続を進める必要があります。

コラム：清算型の民事再生

　これまで説明してきたとおり、民事再生手続は再建型の手続であり、事業を停止し会社を清算することを目的とする清算型の手続とは異なります。

　民事再生法第1条にも「この法律は……事業又は経済生活の再生を図ることを目的とする」と規定されており、清算のために民事再生手続を利用することは想定していないように見えます。

　では、当初から会社の事業停止、清算を意図して民事再生手続を利用することはできないのでしょうか。

　この点、通常のケースであれば、当初から会社の事業停止、清算を意図している場合に破産手続、特別清算手続を利用することに何ら不都合はなく、あえて民事再生手続を利用する必要はないでしょう。

　しかしながら、特殊なケース、例えばペットショップを経営している会社で、会社の商品が犬や猫といった生き物である場合はどうでしょうか。

　理屈の上では破産手続、特別清算手続を利用することは可能でしょうが、まだペットショップ内に犬や猫がいるにもかかわらず、事業が停止して従業員もいなくなり犬や猫の世話をすることができない、エサの仕入もできないのでエサを与えることもできない、糞尿の処理もできないので公衆衛生上も問題が生じるおそれがある、というのは、動物愛護の点からも問題ですし、そのような状況は社会的にも許されないでしょう。

　このような場合、破産手続を選択した上で事業継続の許可を裁判所から受ける（破産法第36条）という方法も考えられますが、法律の専門家ではあっても、必ずしも会社経営の専門家とはいえない破産管財人が事業運営を行うことは、実際には様々な困難を伴い、現実的ではありません。

　他方、民事再生手続であれば、即時に事業が停止することもありませんし、従来の経営陣がそのまま事業運営を行うことも可能ですから、とりあえず事業を継続しながら徐々に事業を縮小し、問題点を解決した上で最終

的に事業を停止するということも可能です。

　民事再生手続はあくまで再建のための手続であり、再建のために利用することが大原則ですが、上記のようなケースのように、むしろ民事再生手続を利用したほうが破産手続、特別清算手続を利用するよりもメリットがある（デメリットが少ない）という場合、清算型の民事再生も可能です。

第4章 民事再生の流れ
CHAPTER 4

　引続き，岡宮弁護士は，民事再生に出てくる登場人物（登場機関），民事再生の大まかな流れについて説明してくれました。

1　民事再生手続の登場人物（登場機関）

　まず，民事再生手続はどのような登場人物（機関）により進められるのかを説明します。

1　申立をする会社（再生債務者）

　民事再生の申立をする会社のことを申立後は申立人とか申立会社とか再生債務者といいます。民事再生では再生債務者が手続の主体となります。本件でいえば甲野金属株式会社になります。

　本書では，再生債務者といったり，再生をしている会社と複数の言回しをしているものがありますが，いずれも同義とお考えいただいて構いません。

2　裁判所

　裁判所は，開始決定や監督委員の選任，保全処分の発令，債権者集会の主催，再生計画の認可等や，手続全体の進捗管理を行います。

3　監督委員

　裁判所より選任され，後見的な立場から，再生債務者の民事再生手続の進行の適法性や透明性を確保する者です。通常は弁護士の中から選任されます。再生債務者の財産の管理処分権を有する者ではありませんが，再生債務者が特定の行為（財産の処分や借入等）を行う場合は，監督委員の同意を事前に得なければなりませんし，手続の進捗状況や，問題点が生じた場合は監督委員に報告する必要があります。

4　申立代理人

　民事再生手続では，申立代理人は弁護士しかなれません。申立人を代理して民事再生手続開始の申立を行うほか，裁判所，監督委員との折衝，債権者対応，再生債務者に対する助言等，様々な業務を行います。民事再生手続においては原則として管財人が選任されず従来の経営者のもとで事業を継続することになりますので，申立代理人の役割が非常に重要になってきます。再生債務者が支店・営業所を複数有する場合には事案に応じ各支店・営業所ごとに弁護士を派遣する必要がありますし，そうでなくとも，現場に張り付いたり，複数の業者に同時に対応するなど申立直後の業務は相当ありますので，通常，複数の弁護士で対応することが多いでしょう。

5　公認会計士・税理士

　民事再生手続においては，再生債務者の財産の評価，再生計画の前提となる事業計画の策定，債務免除を受けた際に生じる債務免除益課税の試算その他のタックスプランニング等，様々な場面で会計税務の専門家の助言指導が必要となります。税法上も様々な特例が存在しますので，民事再生手続に精通した公認会計士・税理士に依頼する必要があります。

6 債権者

再生手続開始決定前に生じている債権のことを再生債権といいます。商取引上の債権や銀行の貸付金などがこれにあたります。民事再生の申立により、弁済禁止の保全処分や開始決定の効果によって、再生債権者の有する債権は一旦支払が棚上げになり、再生計画に基づいて弁済及び免除がなされるため、**債権者（正確には議決権者）の過半数＋債権額（議決権者の議決権額）の総額の2分の1以上の同意**を得ない限り再生計画は認可されません。そのため、再生債権者に対する対応が非常に重要となってきます。

2 民事再生手続の流れ

民事再生手続がどのように進んでいくのか、一般的な手続の流れを説明します。

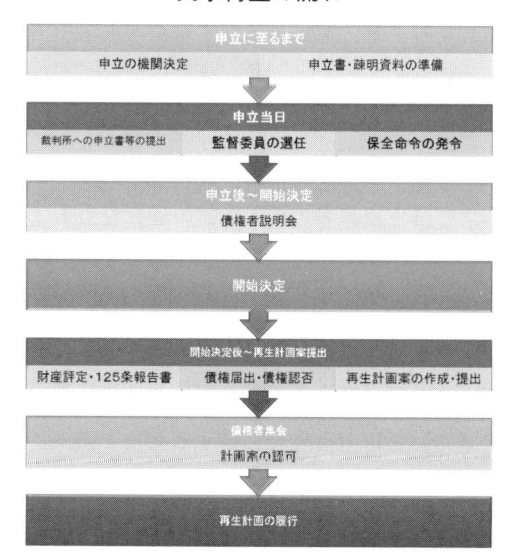

民事再生の流れ

申立に至るまで	
申立の機関決定	申立書・疎明資料の準備

申立当日		
裁判所への申立書等の提出	監督委員の選任	保全命令の発令

申立後～開始決定
債権者説明会

開始決定

開始決定後～再生計画案提出		
財産評定・125条報告書	債権届出・債権認否	再生計画案の作成・提出

債権者集会
計画案の認可

再生計画の履行

1 申立から開始決定まで

a 申立の機関決定

　民事再生手続の申立は，会社の重要な意思決定ですので，民事再生申立書に取締役会議事録を添付する必要があります。事前に取締役会で申立をすることの決議をすることが必要となります。

　なお，民事再生手続の申立にあたって事前に株主総会を開く必要はありません。

b 裁判所への申立

　民事再生手続を申し立てることを再生債務者内部において機関決定したら，申立を行うしかるべき日（Xデーともいいます）に，裁判所に対して申立書及び疎明資料を提出します。申立書の記載内容や疎明資料の詳細は後記のとおりです。

　また，東京地方裁判所においては，申立にあたって事前に詳細な打ち合わせを行うことは原則として必要とされず，「事前相談メモ」（書式❷参照）を裁判所に提出すれば足りるとされています。申立にあたっての裁判所への相談，調整については各地の裁判所ごとに運用が異なる場合があるので，事前に裁判所に確認した方がよいでしょう。

c 監督委員の選任

　裁判所へ申立を行いますと，裁判所より監督委員が選任されます。監督委員は，後見的な立場から再生債務者の再生手続の遂行を監督する者で，弁護士の中から選任されます。

d 保全処分の発令

　民事再生手続の申立を行う場合，それと同時に，保全処分の申立を行います。保全処分とは，再生債務者の財産の保全を行うための措置であり，保全処分により，再生債務者において再生債権者に対する弁済や担保提供等を行うことが原則として禁止されるため，再生債務者が買掛金や未払金を支払ったり，手形を決済することができなくなります。

第4章　民事再生の流れ

　もし，この保全処分に反して一部の債権者に対して弁済をしたとしても，その弁済は無効となるので，弁済してしまった分は，支払先に対し返還を求めなければなりません。再生債務者の代表者や，取引先と懇意にしている担当者からすれば，せめてこれまでいろいろとお世話になった取引先だけには支払を行いたいと思うこともあるかもしれませんが，特定の取引先のみに支払うことは債権者間の平等を害しますし，上記のとおり結局は保全命令に反するとして取引先に対して返還を求めざるを得ないので，かえって迷惑がかかります。

　なお，保全処分の例外として支払える場合もありますが，取引先への対応は弁護士と相談の上慎重に進めてください（6章コラム参照）。

e　債権者説明会の開催

　裁判所へ民事再生手続の申立を行ったとしても，その当日に正式に民事再生手続が開始されるわけではありません。裁判所は，監督委員を通じて債権者の反応がどのようなものか，債権者の意向を確認し，その意向を踏まえた上で，正式に民事再生手続を開始することとされています。

　そのため，民事再生手続の申立をした場合は，申立後，即時に債権者に対する説明会を開催し，再生債権者に対して，民事再生に至った経緯や直近の財産状況，今後の見通し等を説明し，再生債権者からの質問や意見をとりまとめ，裁判所に対して報告する必要があります。

　再生債権者から見れば，取引先が民事再生手続を申し立てたことにより，本来支払われるはずであった債権が支払われずに棚上げとなることになり，しかもその後大幅に債務免除がなされることが見込まれるので，中にはひどく憤慨し，再生債務者の代表者や申立代理人を激しく非難する再生債権者も出てきます。かかる場合でも，説明会において会社の代表者は再生債権者に陳謝し，冷静に対応する必要があるでしょう。

　また，再生債権者の中には，説明会で具体的な話を聞くまで，民事再生後も再生債務者と取引するか否かの判断を保留する，という方も少なからず存在するため，説明会の開催は申立後なるべく早期に開催すべきです。

f 開始決定

上記の債権者説明会の状況を踏まえて,裁判所は正式に民事再生手続を開始する旨の決定をします。開始決定のためには,その前提として開始決定の要件(「破産手続開始の原因となる事実の生じるおそれ」又は「事業の継続に著しい支障を来すことなく弁済期にある債務を弁済することができないこと」(法21条))を満たすことと,申立棄却事由がないことが必要となります。

通常は,開始決定の要件を満たす案件であれば,数日の間に開始決定は出されることになります。

2 開始決定後の手続

a 財産評定及び125条報告書

民事再生手続の開始決定がなされると,再生債務者は財産評定という手続を行うこととなります。財産評定とは,開始決定日現在の再生債務者の財産を,その時点で処分して換価した場合の価格で評価し,もし仮に再生債務者が開始決定日において会社の事業を停止し,清算した場合の配当率がどの程度になるかを算定するものです(法124条1項)。

民事再生手続の再生計画案においては,**再生債権者に対する弁済率が清算配当率を上回ることが要求されます**(清算価値保障原則)ので,財産評定はその後の再生計画における弁済率の下限を画する機能を有することとなります。詳しくは第10章で説明します。

また,再生債務者は,再生手続開始後,遅滞なく125条報告書という書類を提出しなければならないことになっております。東京地裁の標準スケジュールでは申立から2カ月後に財産評定書及び再生計画の草案と一緒に提出することになっております。詳しくは第8章で説明します。

b 債権の届出

開始決定がなされると,正確な再生債権額を把握するため,裁判所所定の債権届出書を用いて,予め定められた届出期間内に各再生債権者から債権額を届け出てもらうこととなります(法94条1項)。なお担保権(別除権)付債権につい

第4章　民事再生の流れ

ては，再生債権者の考える担保物件の評価額と別除権予定不足額もあわせて届け出てもらいます（法94条2項）。

　c　債権の認否

　再生債権者から債権届出がなされた債権について，再生債権者より送られた証拠書類や手持ちの帳簿等と照合して正確な債権額及び議決権額を確定します。

　再生債権者の届出額と再生債務者の把握している債権額が異なることはあまりないように思えますが，再生債権者において相殺を前提に届け出たり，再生債務者は税抜額で債権額を把握しているのに届出債権額が税込であったり，その他様々な理由で，届出債権額と再生債務者の認識債権額が異なることがあります。必要に応じて債権者に問い合わせて金額の確認を行う必要があります。

　d　再生計画案の作成・提出

　民事再生手続の申立後の状況，財産評定や債権認否の結果を踏まえ，再生債務者の再生計画を策定します。

　自主再建型の場合，通常，今後の再生債務者の事業収益の中から弁済原資を確保し，数年間で弁済する計画を立てることとなります。

　また，再生計画案に基づく弁済を行えば残余の再生債権は免除されることが通常ですが，再生債権の免除がなされると債務免除益が生じ，かかる債務免除益に対する課税も生じうるので，再生計画の策定にあたってはタックスプランをどのようにするかもあわせて検討する必要があります。詳しくは第11章で説明します。

　再生計画案は，裁判所及び監督委員のチェックを経て正式にその後の債権者集会において決議にかける決定がなされた上で，債権者に対し配布されます。

　再生計画案は，その後の債権者集会において**債権者（正確には議決権者）の過半数＋債権額（議決権者の議決権額）の総額の2分の1以上の同意**を得ないと認可されませんので，再生計画案の策定・提出にあたっては，並行して最低限主要債権者に対してはその内容を説明し理解を得る努力をすべきです。再生計画案の策定については第10章で説明します。

e 債権者集会

　債権者集会において議決権額の半額以上，出席債権者数の過半数以上の賛成を得られれば，原則として，再生計画が認可されることとなります。再生債権者は当日債権者集会に参加せずに，事前に書面投票を行うこともできますので，再生債務者としては，事前に再生債権者に書面投票をするように促し，当日までに認可される見込みを付けておくことが重要です。

f 再生計画の履行

　再生計画が認可され，確定すると，後は再生計画を履行していくこととなります。再生計画に基づく弁済等，再生計画の履行状況は，一定期間ごとに裁判所及び監督委員を報告することとなります。

第5章 民事再生の準備
CHAPTER 5

　甲野社長は，民事再生の正式な依頼をしたいと考え，岡宮弁護士と準備をすることになりました。

　岡宮弁護士は，以下のとおり，準備事項を説明しました。岡宮弁護士は，会社は資金がショートしない限り，倒産しないので，とにかく資金繰りの精査が大事だよと教えてくれました。

　また，肝心の弁護士費用や裁判所に納める費用についても相談をしました。

1　再生の見込みがあるかの検討

1　窮境原因の分析

　再生債務者の事業の再建のために民事再生手続を利用する場合，まず，当該会社に民事再生手続による再生の見込みがあるか否かを検討しなければなりません。

　そのためには，まず，再生債務者の経営状況が悪化した原因を分析する必要があります。窮境に陥った原因はその会社により様々ですが，なぜ，会社が現在の経営状況に陥ったのか，そして原因を取り除くためにはどうすればよいかを再生債務者の内部だけでなく，弁護士，会計士，税理士等の専門家を交えて分析すべきでしょう。

61

2 民事再生手続自体の影響

　また，再生の見込みを検討するにあたっては，民事再生手続自体の影響も折り込んでおく必要があります。

　いくら民事再生手続が再建のための手続であるとはいえ，「倒産」のイメージがついてしまうことはやはり避けられません。もちろん，申立後に取引先や従業員に対して，倒産したのではなく，今後も引き続き事業を継続していることを説明しますが，それでも中には取引自体を中止してくるところが生じる可能性は低くありません。民事再生手続を機に再生債務者を退職する従業員も出てくる可能性もあります。そのため，**民事再生手続により売上規模が一定程度低下することも念頭に置かなければなりません**。損益計画や資金繰り計画を作る場合，売上低下を踏まえて作る必要があります

　通常は7掛け，厳しい会社は5掛けで作成しましょう。

3 債権者の協力の見込み

　民事再生手続の再生計画案は，最終的に**債権者（正確には議決権者）の過半数＋債権額（議決権者の議決権額）の総額の2分の1以上の同意によって認可されるか否かが決まります**。そのため，主要債権者が民事再生手続自体に反対している場合は，その後の計画案認可のための債権者集会において計画案が認可される可能性が低くなります。

　民事再生手続を準備する段階においては，事前にその情報が漏れて再生債務者の信用不安が生じる事態を防ぐため，秘密裏に準備を行い，外部の関係者には情報を提供しないことが必要です。他方で，上記のとおり最終的には再生債権者から計画案に賛成してもらうことが必要なため再生手続申立役は，主要債権者との関係維持が非常に重要となってきます。

　もっとも，主要債権者は対象会社の金融機関であることが多いと思われますが，金融機関であれば，対象会社の状況もある程度把握していると思われますし，事前に説明すれば民事再生手続への協力を得られることも多いです。場合

によっては，民事再生手続の準備段階から主要債権者との連絡を密にして，こちらの状況を伝え，また債権者の意向を探ることが必要です。ただし，非常にデリケートな問題ですし，後述の預金ロックのリスク等もありますので，弁護士と相談した上で行うようにしてください。

2　資金繰りの確保

　資金繰りの確保は，重要な点になります。負債があろうが，売上が減ろうが，資金が続く限りは事業継続ができますし，逆に売上が低下しなくても，資金が続かなければ事業継続は不可能だからです。

1　手持ち資金の確保

　そこで，民事再生手続の申立にあたっては，申立前の段階から，申立後の再生債務者の資金繰りがどうなるのか，予め予測して運転資金を確保するよう努めなければなりません。

　再生債務者が，借入先の金融機関に口座を有している場合，民事再生の申立をする前に，予めその口座から預金を引き出し，借入のない別の金融機関の口座や，申立代理人弁護士の銀行口座に預金を移し替えておかなければなりません。

　なぜなら，民事再生手続の申立がなされると，借入先の金融機関の預金口座は凍結されてしまい，借入金との相殺がなされてしまうからです。

　ただし，民事再生手続申立の直前の時期においては，金融機関側もその再生債務者の口座の動きを注視していることも多いため，予め多額の預金を資金移動させることが困難な場合もあります。もちろん，預金の引出しは本来ならば自由に行えるのですが，預金の引出しを行おうとするとその金融機関の担当者から，詳細に理由を問いただされたり，場合によっては直接再生債務者を訪問して様子を窺うこともあるため，その対応に苦慮することになります。

　申立の準備は事前に情報が漏れることがないよう秘密裏に行うことが肝要で

すから，債権者である金融機関に民事再生の準備をしていることをなるべく悟られることのないような方法で資金避難をしなければなりません。

【Know How】
　例えば，既存の預金を一度に多額に移動するのではなく，少額ずつ何度かに分けて移動する方法や，預金の残高が増えることを防ぐため，取引先に対して入金口座を別口座に変更してもらうようお願いするなど，万一預金ロック等をされた場合でも，様々な方法により少しでも多くの手持ち現預金を確保しておく必要があります。
　また，取引先の売掛金の入金についても，借入のない別の金融機関の口座に入金してもらうよう働きかけることも考えられます（もっとも，信用不安が生じないのかという問題がありますので，弁護士とよく相談してから行うようにしましょう）。
　同様に社長など保証人の預金も借入のない金融機関の口座に移すことを検討すべきです。

2　申立後に生じる支出の予測

　また，民事再生手続の申立後に生じる支出を予測することも重要です。
　民事再生手続の開始決定がなされると，再生手続開始決定日の前日までに発生した再生債務者に対する債権は再生債権となり，再生債権に対する支払は一旦棚上げされます。そのため，本来なら弁済により流出するはずの資金を再生債務者の手元に確保できることとなる点では，運転資金の確保が容易になります。
　しかしながら，民事再生手続の申立をした後は，再生債務者は手形を振り出すことはできませんし，支払日が1か月後2か月後になるような長期間の掛けでの取引も仕入先が応じないことがほとんどです。取引に応じるとしても，保証金を積むことを要求されたり，これまでよりも不利な条件での取引を求めら

第5章　民事再生の準備

れたりする場合も出てきます。

　他方で，再生債務者が事業を継続するためには，仕入を起こさなければなりませんから，結局，キャッシュ・オン・デリバリー（現金決済）や，1週間2週間程度の比較的短期での掛取引により仕入を行うこととなります。

　また，民事再生手続によっても，公租公課の支払は棚上げとはなりませんので，原則としては，これまでどおり支払う必要がありますし，再生債務者の再建のためには，これまで以上に従業員が一致団結する必要がありますから，給与の遅配も許されません。

　その他，原則的に棚上げになる再生債権であっても，例外的に裁判所の許可あるいは監督委員の同意を得た上で支払を行う場合があります。例えば，少額の債権については，少額の債権者全てを再生債権者として扱うとかえって事務手続が煩雑になることから，例外的に支払うことが可能です。かかる支払を行う場合は，予めその資金の確保も必要となります。

3　収入の予測

　他方，入金についても，再生債務者への入金を一旦停止するという取引先が少なからず出てきます。本来ならばたとえ民事再生手続開始の申立をしたとしても，売先は当初の入金日どおりに支払わなければならないのですが，民事再生申立直後は債権者においても情報が少なく，これまでどおりの支払を行ってよいのか判断がつかないので一旦入金を停止するということもあるようです。こちらについては債権者に状況を説明しなるべく早期に入金をしてもらえばよいのですが，そのための時間がかかればそれだけ資金計画に狂いが生じてきますので，申立後はある程度入金が遅れることを想定した方が無難です。

　また，売掛金と買掛金が両建てになっている取引先については当該売掛金と買掛金を相殺してきます。相殺がなされると額面どおりの売掛金入金がなされないこととなるので，こちらも注意が必要です。

4　新たな資金調達方法の検討

　市中業者で手持ち手形を割引して資金化することや，場合によっては民事再生手続の申立後すぐに借入を行う（DIPファイナンス）ことも検討しなければなりません。

3　予納金・専門家報酬の準備

　民事再生手続開始の申立を行うにあたっては，裁判所に対して手続費用（予納金）を納める必要があります。東京地裁の場合，予納金の額は，当該再生債務者の負債総額を基準に決定されます（次ページの表参照）。

　民事再生手続は会社更生手続と比較すると予納金額は低いとされていますが，それでも数百万円以上の金額が必要となります。また，同時に関連会社や会社代表者の申立を行う場合には別途予納金が必要となりますし，予納金以外にも郵便切手などの実費が必要となります。

　その他，民事再生手続開始申立を行うには弁護士や会計士・税理士等の専門家の協力が不可欠です。したがって，かかる専門家報酬についても予め協議の上，資金繰りに組み込んでおかなければなりません。

　先ほども述べたとおり，弁護士や会計士・税理士等の専門家複数名が関与することが多いため，その分の報酬は決して安いものではありませんが，再生する見込みがあるのに，専門家報酬が用意できないから再生できないというのはあまりにももったいない話です。この点は相談する弁護士と十分に相談してください。経験豊富な弁護士であれば，資金繰りも踏まえ，どうやれば弁護士費用が支払えるのか相談に応じてくれるはずです。事務所によっては，分割払いの相談にも応じてもらえることもあるでしょう。弁護士に早い段階で資金繰りを見てもらうことが肝要です。

予納金基準額
　申立時に6割，開始決定後2カ月以内に4割の分納を認める。
　残る4割の納付については，2回までの分納を認める。

東京地裁の法人申立の標準額

負債総額	基準額
5千万円未満	200万円
5千万円～　1億円未満	300万円
1億円～　5億円未満	400万円
5億円～　10億円未満	500万円
10億円～　50億円未満	600万円
50億円～　100億円未満	700万円
100億円～　250億円未満	900万円
250億円～　500億円未満	1,000万円
500億円～　1,000億円未満	1,200万円
1,000億円以上	1,300万円

4　申立日（Xデー）の選定

　申立日をいつにするかも重要な事項です。基本的には資金繰り（運転資金確保）を踏まえて，申立日を決めることになります。
　資金面以外でも，再生債務者の業務内容，債権者説明会開催の会場確保の状況，申立日付近の休日の状況，予納金の確保の状況等様々な事項を検討のうえ，より良い申立日を選定することとなります。

【Know How】
　預金避難ができていることが前提ですが，より多くの運転資金を確保できる日を申立日とするのがセオリーです。
　例えば，毎月25日に売掛金等の入金が集中しており，毎月末日に買掛金等の支払が集中する会社であれば，当月25日の入金を待ち，当月末日の支払日が来るまでに申立を行えば，より多くの運転資金を確保できることが見込めます。
　また，手形を振り出している会社で，手形の決済日までに決済資金が用意できずに不渡りとなることが確実という状況であれば，当該不渡り予定日をリミットとして申立を行うことになるでしょう。
　預金避難ができていない場合には，もう1つ判断要素がありまして，預

金が相殺されないタイミングはいつかということです。申立日を前倒しして売掛金の入金日より前に申立を行ってしまえば，相殺禁止の規定により，銀行は申立後に入金された預金と借入金を相殺することができなくなります（民事再生法93条1項4号）。甲野金属の場合も多額の入金がある3月20日以前に申し立てることにしたわけです。

5 裁判所との事前調整

1 申立裁判所の選定

　民事再生手続をどの裁判所の下で進めていくかも重要な検討事項です。通常は，再生債務者の所在地を管轄する地方裁判所に申し立てることになるのでしょうが，再生債権者が多数存在する場合は，比較的規模の小さい裁判所では対応しきれないおそれがありますので，態勢が整っている東京や大阪の地方裁判所に申立を行うことになるでしょう（また，例えば，本社の所在地はA県だが，債権者やその他利害関係人の大部分がB県に所在しており，B県で手続を進めた方が何かと都合がよいという場合は，B県を管轄する裁判所への申立を検討する必要があります）。もっとも，管轄の問題もあるので，この点は事前に裁判所との調整が必要となります。

2 裁判所への事前相談

　民事再生手続を円滑に進めるためには，何より手続をとりまとめる裁判所との調整が不可欠です。

　東京地方裁判所においては，申立前の事前相談までは必要とされておらず，再生事件連絡メモ（書式❷参照）を申立予定日の前日までに裁判所に対してファクシミリすることで足りるとされていますが，債権者が多数であるとか，複雑な問題点が存在するといった，通常とは異なる事情が存在する場合は裁判所に予めその問題点を理解してもらう必要がありますし，裁判所も事前相談に応じ

るようです。

　事案に応じて，裁判所との事前相談が必要か否かを検討する必要があります。

6　民事再生手続開始申立の機関決定

　民事再生手続開始の申立については，事前に取締役会で申立をすることの決議をすることが必要となります。中小企業，特にオーナー企業の中には，取締役会が形骸化し，定期的に取締役会を開催していない会社もあるかもしれませんが，かかる場合でも，他の役員に会社の現状を説明し，民事再生手続の申立に賛成してもらう必要があります。役員に対する賠償責任のおそれや，その他の不安にかられて民事再生手続の申立に反対する役員が出る可能性もありますが，その場合でも，会社の現状や，民事再生手続の申立をしても会社がなくなるわけではなく，事業の存続のために民事再生手続の申立が必要であることを説明し，賛成してもらうよう説得する必要があります。

　なお，**取締役会手続で申立が決定された後は直ちに申立をしないといけません**。取締役会で民事再生を申し立てると決めてから相当な時間が経過してから申立をすることになりますと，その間の仕入は取込詐欺だったのではないかと余計なトラブルになってしまうことにもなりかねないからです。

7　債権者説明会の会場の確保

　民事再生手続の申立をした場合は，申立後速やかに，**債権者に対する説明会を開催する必要があります**。再生債権者に対して，民事再生に至った経緯や，直近の財産状況，今後の見通しを説明し，再生債権者からの質問や意見をとりまとめ，裁判所に対して報告する必要があるからです。

　説明会は申立後即時に行う必要がありますので，申立日が決まったら，すぐに債権者説明会の会場を確保しなければなりません。

【Know How】

　会場を予約するにあたっては，申立の準備段階での情報漏れを防ぐため「民事再生手続説明会」という名目で会場を確保することは避けるべきです。経営懇親会という抽象的な名前で予約するとよいでしょう。場合によっては再生債務者の名前を出さずに，担当者の個人名や弁護士事務所名で会場を確保することも必要でしょう。

　予約する会場の規模は，各債権者の担当者が2名出席させることを想定し，債権者×2の人数が入れるほどの規模がベストです。

　会場はあまり華美な所は避け，質素な建物を選ぶこと。メインバンクや取引先が距離的にも離れておらず，交通の便が良い所を選ぶようにしましょう。

　会場予約の時間ですが会場設営のため，受付開始時間前から借りておきます。終了時間も長引くことや片付けを後慮して閉会予定時間の1時間後まで借りると良いでしょう。

8　申立書の作成

　民事再生手続の申立は，裁判所に申立書を提出することによりなされます。参考までに甲野金属の申立書案を付けておきました（書式❸参照）。

　申立書の具体的な記載事項は以下のとおりです。

1　必要的記載事項

　申立に必ず記載しなければいけない事項であり，この事項を記載していないと裁判所から補正を命じられ，補正がなされなければ申立自体が却下されることになります。具体的には以下のとおりです。

①　申立人の氏名又は名称及び住所並びに法定代理人の氏名及び住所

②　再生債務者の氏名又は名称及び住所並びに法定代理人の氏名及び住所

③　申立の趣旨

　申立を求める事項を端的に記載するもので，通常は「〇〇（再生債務者）について再生手続を開始する　との決定を求める」という記載をします。

④　再生手続開始原因となる事実

　民事再生手続開始決定の要件として「破産手続開始の原因となる事実の生じるおそれ」又は「事業の継続に著しい支障を来すことなく弁済期にある債務を弁済することができないこと」（法21条）を満たしている必要があります。

　「破産手続開始の原因となる事実」とは，端的にいうと，「債務超過」と「支払不能」です。債務超過とは，文字通り再生債務者の資産以上に負債がある場合のことをいいます。民事再生を検討する会社は，帳簿上は資産超過であったとしても，不動産評価に多額の含み損が生じていたり，実質は費用的な科目を資産に組み入れたりしているだけのことが多いので，実質的には，「債務超過」であることがほとんどであり，ここが問題となることはあまりないでしょう。

　「支払不能」とは，会社の現状の資金状態等から見て，支払期限が到来した買掛金等の債務を支払えない状態のことをいいます。例えば，再生債務者が振り出した手形の決済日までに手形を決済するだけの資金が用意できず，手形が不渡りとなることが確実という場合はこれにあたるでしょう。

　「事業の継続に著しい支障を来すことなく弁済期にある債務を弁済することができないこと」とは，弁済期の到来した債務の弁済自体は不可能ではないものの，会社にとって重要な財産，例えば，メーカーであれば製品を製造している工場不動産等を売却しなければ弁済のための資金を確保することができない場合をいいます。

　もっとも，通常，民事再生手続開始の申立を検討しなければならない状況にある会社であれば，これらの要件を満たさないということはないでしょう。

⑤　再生計画案の作成の方針についての申立人の意見

「再生計画案の作成の方針についての申立人の意見」の記載については，できる限り，予想される債権者の権利の変更の内容及び利害関係人の協力の見込みを明らかにしてしなければならない（規12条2項）とされています。

つまりは，今後作成する再生計画において定める弁済率や，再生計画が賛成多数で可決される見込みをなるべく具体的に記載しなければならないということですが，民事再生手続においては，申立後の状況は流動的に変化するため，申立の段階であまりに詳細な記載をすることはむしろ避けるべきでしょう（だからこそ「できる限り」という限定がされているのだと思います）。

自主再建型か，スポンサー型か，といった大まかな方針を記載することはもちろんですが，その他の事項についてはある程度の概括的な記載もやむを得ないと考えられます。

2 実質的記載事項

必要的記載事項と異なり，かかる記載がなくても申立が却下されるということにはなりませんが，記載が求められている事項です。

① 再生債務者が法人であるときは，その目的，役員の氏名，株式又は出資の状況その他の当該法人の概要
② 再生債務者が事業を行っているときは，その事業の内容及び状況，営業所又は事務所の名称及び所在地並びに使用人その他の従業者の状況
③ 再生債務者の資産，負債その他の財産の状況
④ 再生手続開始の原因となる事実が生じるに至った事情
⑤ 再生債務者の財産に関してされている他の手続又は処分で申立人に知れているもの
⑥ 再生債務者の使用人その他の従業者で組織する労働組合があるときは，その名称，主たる事務所の所在地，組合員の数及び代表者の氏名
⑦ 再生債務者の使用人その他の従業者の過半数を代表する者があるときは，その者の氏名及び住所
⑧ 民事再生法169条の2（社債権者等の議決権の行使に関する制限）第1項に規

定する社債管理権者等があるときは，その商号
⑨　再生債務者について民事再生法207条（外国管財人との協力）1項に規定する外国倒産処理手続があるときは，その旨
⑩　再生債務者が法人である場合で，その法人の設立又は目的である事業について官庁その他の機関の許可があったときはその名称及び所在地
⑪　申立人又は代理人の郵便番号及び電話番号（ファクシミリの番号含む）
⑫　民事再生法5条3項乃至7項に規定する管轄の特例の対象となる再生事件又は更生事件があるときは，係属する裁判所，事件の表示及び債務者の氏名又は名称等

3　添付資料の準備

東京地方裁判所においては，現在以下の添付資料の提出を要求しています。
①　委任状
　　申立を行う申立代理人に対する委任状です。
②　定款の写し
③　取締役会議事録
　　民事再生手続開始の申立を行うことを決議した取締役会の議事録です。
④　資格証明書
　　商業登記簿謄本です。
⑤　債権者一覧
　　申立日現在において再生債務者に対して何らかの債権を有する債権者の一覧です。
　　通常，「公租公課」，「金融機関」，「リース会社」，「買掛金・未払金」という形で債権の種別ごとに分けて作ります。
　　場合によっては，申立日現在の債権額の算定が困難な場合がありますが，その場合でも，なるべく直近の日の債権額を記載し，大きな齟齬が生じないようにする必要があります。
⑥　資金繰り表（実績）

再生債務者の申立日までの実績の資金繰り表です。これまで資金繰り表を作成したことのない会社や，作成していたとしても月次の資金繰り表のみという会社もあるかと思いますが，日次の資金繰り表の方が，入出金のタイミングがわかりやすいので，なるべく日次の資金繰り表を作成した方がよいでしょう。

⑦　資金繰り表（今後3～6か月）

申立日以降の資金繰り表です。先ほどの運転資金の確保の項目でも書いたとおり，民事再生手続の申立をすると，申立以前とは資金状況が大きく異なってきます。それを踏まえ，申立後も運転資金が確保でき，事業を継続することを示す必要があります。月次資金繰り表は向こう6か月，日繰り資金繰り表は向こう3か月先まで必要になってきます。

⑧　今後の事業計画の概要

申立段階における今後の事業計画の概要です。申立後の状況は流動的に変化することが予想されますので，詳細な計画を立案することは困難ではありますが，不採算事業を閉鎖する，リストラを実施する等の大まかな方針は示す必要があります。

⑨　会社パンフレット

会社の概要を示す資料で，パンフレットがなければそれに準じる資料を添付します。

⑩　労働協約・就業規則

従業員との労働協約や就業規則は締結，作成していれば提出する必要があります。従業員が1～2名しかいないような小規模の会社ではない限りは作成している場合がほとんどだと思われます。

⑪　営業所・工場一覧

本社以外の営業所や工場が存在する場合は，かかる営業所・工場の所在地や連絡先を一覧にして提出します。これは，申立後の保全対応の際にも必要となります。

9　保全処分申立書の作成

　民事再生手続の申立を行うに際しては，再生債務者の財産の保全のため，保全処分の発令を求める申立を行うことが通常です。申立書（88頁参照）の具体的な記載事項は書式❹のとおりです。

　申立書には，申立後に再生債務者において債務の弁済や担保提供等の行為を行うと，運転資金の確保が困難になること等を記載することとなります。

コラム：「えっ，手形の割引代金が入金されていない⁉」

　売掛金の支払に代えて手形を受け取ることが多い会社（業種）の場合，受け取った手形を満期まで保有することなく，銀行（金融機関）で割引を受けることで現金化していることが多いでしょう。また，満期まで保有している場合でも，銀行に取り立てを依頼して現金化することが一般的でしょう。

　しかし，民事再生を検討している場合には注意が必要です。

　筆者が経験した事案（割引依頼）では，割引依頼先銀行から，「与信調査」という名目で，割引実行の2週間程度前までに手形の持ち込みを求められ，割引実行前に民事再生手続開始決定が発令されたため，銀行は商事留置権を根拠として割引代金の支払に応じてくれませんでした。

　民事再生手続の開始決定が出されると，手形の割引代金が入金されなかった。これはどういうことなのでしょうか。

　会社が銀行に差し入れた手形については，法律上，商事留置権という担保権が成立することとされております。（商事）留置権は，簡単に言うと，債権者が債務者の物を預かっている場合，支払を得るまでは物の返還を拒絶することができる権利です。

商事留置権は，抵当権，質権と同じく，民事再生法上，「別除権」として取り扱われています（法53条）。

抵当権や質権は，再生手続上，別除権者（担保権者）が権利を実行して，優先的に債権回収することができることは明らかなのですが，商事留置権については，優先回収できる根拠が，法律ではなく，事実上の強制力にとどまるものと理解されていたことから，民事再生手続において，商事留置権をどのように取り扱うのかが争われていました。

なかでも，「手形」の取扱いで問題となったのは，手形そのものの返還拒絶の是非というよりは，その換価金をどのように扱うかという点です。

この点については，争いがありましたが，最高裁判所平成23年12月15日付判決は，「商事留置権者である銀行は，自らが取り立てた手形の換価金から債権回収をすることができる」という考え方を採用しました。

この判決を踏まえますと，債務者会社が，銀行に対して手形を差し入れている間に，民事再生手続が開始されると，手形の換価金はすべて銀行の債権回収にあてられることとなり，債務者会社が運転資金として使うことはできないこととなります（上記判決は取立委任の事案でしたが，割引依頼の場合も結論は変わりません）。

民事再生が開始されると，従来の取引銀行との間での手形取引が打ち切られてしまうケースもあり（特に，手形の割引は，新たな借入と同視されていることもあって，容易には応じてもらえません），資金繰りに当て込んでいた収入が実現しないという事態に陥る危険が生じます。

したがって，手持ちの手形を現金化することが不可欠な場合には，民事再生申立前までに現金化を済ませておく（与信調査期間を考慮して早めに申し込む），もしくは借入のない市中業者で割引を行うことが望ましいといえるでしょう。

第6章 申立から開始決定までの流れ
CHAPTER 6

1 申立当日の保全

　申立から開始決定月までの間において（特に申立当日において）もっとも重要な事項は財産保全です。財産保全とは，再生会社が保有，管理する商品，在庫，車両その他の物品が第三者によって不正に会社から持ち出されたり，破損されたりすることがないように行われる保全作業とご理解ください。
　申立書受理と同時に，裁判所より弁済禁止の保全処分（6章5項で説明いたします）が発令されるのが通常ですので，この発令に基づき，一部の債権者に対する弁済行為や実質的に弁済に繋がる行為がなされないよう，細心の注意を払っていかなければなりません。
　以下，保全の流れを追っていきたいと思います。以下は一例です。

AM 9:00　保全本部設置
　　申立後の情報集約，各支店・工場の指揮監督をするなど保全の中枢機関として保全本部を設置することが望ましいです。保全本部の構成員として誰を選任するか，どの時点で設置するかといった事柄については，遅くとも，申立の前日までに確定しておく必要があります。この場合，事前に情報が漏れてしまう可能性を考慮すると，社長，一部の幹部従業員の範囲で情報を制限するにとどめるべきであり，それ以外の保全本部メンバーとな

る従業員については，申立の当日に事情の説明と今後の協力をお願いするのがよいでしょう。

　保全本部は，社長，主任弁護士のほか，会社のことをよく把握している役員や従業員を数名配置します。保全本部は本社の一室を利用し，何かあれば本社に，という体制をとるとよいでしょう。

AM 9:20　各支店・工場付近にて保全担当者待機

　民事再生に伴う混乱を回避すべく，債権者対応が必要と思われる支店や工場において，指揮できる担当者（弁護士など）を配置する必要があります。

　保全担当者は，申立受理の連絡があるまで，各支店・工場付近にて待機し，連絡を待ちます。申立受理の連絡を受けたら，保全開始です。

AM 9:30　申立受理・保全命令発令

　申立書を裁判所に持参し，裁判所によって受理されると，裁判所から弁済禁止の保全処分が発令されます。

AM 9:35　申立担当者より保全本部に申立受理等の連絡

　上記申立手続を行った担当者は，裁判所に受理され，保全命令が発令されたら，すぐに保全本部に連絡します。

AM 9:40　保全本部より各保全担当者に保全開始の指示

　保全本部は，受理の連絡を受けた後，各保全担当者に対し申立受理の連絡及び保全開始の指示を行います。速やかに電話にて指示します。

AM 9:45　各保全担当者は支店・工場に入室

　保全担当者は，上記連絡を受けた後，すぐに各支店・工場に入り，各支店長・工場長に面談を申し入れます。

AM 9:50　保全担当者より各支店長・工場長に民事再生を申し立てた旨の説明

　民事再生申立を行ったこと，民事再生を行った経緯等を簡単に説明し，今後のなすべきことや注意点，具体的には従業員に説明することと債権者対応の必要性を説明します。

AM 10:10　従業員説明

　従業員に対し民事再生申立を行ったことを報告します。まずは各支店

長・工場長に従業員全員を集めていただき，各支店長・工場長より民事再生申立がなされた事実を説明してもらいます。

その後，弁護士から，改めて説明を補充します。

AM 10:30　債権者へのFAX送信

債権者に対し，民事再生申立がなされた旨のFAXを送付します（7章参照）。FAX番号がわからない債権者に対しては，郵送にて連絡を行います。これらの手続は，従業員の協力を得ながら行います。

なお，送付するFAXの内容については，書式❼参照のこと。

AM 10:30　告示書の掲示

AM 10:30　警察への連絡

申立後，各支店付近の警察署に，民事再生を行った旨報告しておくことも検討の一つです。債権者が強硬に資産の引上げをはかってきた場合，警察署に連絡すればすぐに状況を理解され，早期に対応してもらえるからです。

AM 10:30　現金管理

各支店・工場において管理している現金・預金がいくらあるのか，把握します。

AM 10.30　在庫等資産管理

AM 11:00〜　債権者に対する電話対応，面談対応

債権者は，FAX受領をもって民事再生申立の事実を認識し，あわてて電話をしてきたり，押しかけてきたりすることがあります。これからが本格的な保全の開始です。

AM 11:20　金融機関への電話連絡

PM 18:00　保全本部に報告書提出

各支店・工場の保全担当者は，一日の保全結果（債権者対応の詳細）を保全本部に，FAXまたはメールで報告します。

PM 18:30　閉店・退去

2　申立翌日以降の保全

　状況をみて，翌日以降も債権者からの問い合わせや来訪の可能性がある場合は，落ち着くまで各支店・工場にて保全を行います。

　保全の期間としては，申立～債権者説明会までが多いでしょう。債権者説明会を開催した後は弁護士事務所や本社にて債権者対応をすることになります。

3　取引上の混乱からの立直し

1　民事再生の申立が利害関係人に対して与える影響

　再生債務者は，何よりも，債権者や取引先等の利害関係人との間で，民事再生で事業再生を目指すことについて理解を得て，信頼関係の修復に努めることが必要となります。

2　予想される混乱とその対処方法

a　取り付け騒ぎの予防

　民事再生申立直後から開始決定が発令される初期の段階では，債権者が自己の納品した商品在庫，車両等を引き上げようとする取り付け騒ぎが予想されるところです。

　わが国の法律上，何らかの財産を管埋している人や会社（ここでは再生債務者）の意思に反して物品の引上げを行うことは認められておらず（自力救済禁止の原則ということがあります），これを強行すると窃盗の罪に問われることになりかねません。

　また，債権者による引上げによって，重要な財産が散逸してしまうと，事業の継続にも支障を及ぼしかねませんので，債務者としては，債権者からの要請を断固として拒まなければなりません。

　もっとも，債権者によるこうした動きに対しては，債務者が直接対応するこ

とは（心理的な負い目もあって）なかなか困難ですので，強硬な取引業者との対応は，基本的には，代理人弁護士に説明をしてもらうのがよいと思います。

　申立直後の段階では，**引上げ行為を禁ずる「告示書」**（民事再生申立によって財産の保全命令が発令されていること，引上げ行為に対しては，窃盗等の刑事責任を追及する可能性があることを警告する内容を記載した書面。通常は代理人弁護士名義で作成します）**を財産の周辺に掲示します**（書式❿参照）。そのため，代理人弁護士が対応できない場合には，債務者従業員の側で債権者に告示書を見てもらって事情を理解していただくのがよいでしょう。しかし，民事再生申立直後は，気を荒立てている債権者の方もまま見受けられます。そうした債権者を説得することは困難であり，場合によっては，従業員の身に危険が及ぶこともあります。そのため，万一，物品の引上げを強行する債権者がいる場合には，無理をしてこれを止めようとせずに，その代わり，どの債権者が，どの物品をどれだけ持ち帰ったかを可能な場合には写真撮影するなどし，確認し，弁護士に報告してください。

> 【Know How】
> 　どのような物品や場所に告示書を貼るかは，事業によって区々と言わざるを得ませんが，例えば旅館など一般のお客様相手の商売の会社が告示書が色々なところにはってあっては，大きなイメージダウンになります。そこでリネン室や事務所などお客様の目につきにくい場所にはることになるでしょう。
> 　その他，リース物件や引上げの危険のある物件にはることになります。

b　外注品の返還拒絶等の主張（商事留置権の主張）

　製造業等を営む会社で，外注先の特殊な金型を利用して部品を製造している場合に，発注元の会社が民事再生を申し立てると，外注先から部品の引渡しを拒絶することがあります。

　外注先が部品の引渡しを拒絶する根拠は，商事留置権の主張ということになります。留置権とは，債務者（発注元）の物品を占有する債権者（外注先）は，

債務者に対して有している債権の支払を受けるまで，自分が占有している物品の引渡しを拒絶することができる権利です。このうち，商人間で成立する商事留置権は，民事再生法上，別除権として，民事再生手続外で権利行使をすることが認められています（法53条）。

再生債務者としては，部品の引渡しがないとその後の工程が滞り納期を守れない等の問題が生じるため，速やかに外注先との間で，部品の引渡しに応じるよう話をすることが必要です。その際には，再生手続によって棚上げになっている外注代金の全部または一部を支払うことと引換えに，引渡しに応じていただくようお願いすることになるでしょう。なお，通常は，このような商事留置権対象物品の解放を受けること（「受戻し」といいます）は，「別除権の受戻し」として監督委員の同意事項の対象となっているでしょうから，最終的な合意実行までの間に，監督委員の同意を得ておくことが必要となります（別除権受戻しの一般的な説明については，9章で後述します）。

c 売掛金の支払拒絶

民事再生申立後に，売掛先へ通常どおり代金の回収をしようとしたところ，代金の支払を拒絶されることがあります。

売掛金の回収が滞ってしまうと，資金繰りがひっ迫し，資金ショートに陥る危険も生じかねません。そのため，早急に支払に応じていただくようお願いをすることになります。

【Know How】

売掛先が支払を拒絶する理由としては，将来の安定供給への不安といったところでしょう。民事再生手続を破産手続と勘違いし（破産管財人に支払うものと誤解）支払を拒絶することもあります。そこで，再生債務者としては，民事再生手続は，事業を再生するための手続であり事業はこれからも存続すること，そればかりか，売掛先が滞りなく支払に応じていただくことが事業の存続に必要不可欠であることを説明し，理解を得るよう求めることになります。

中には,「倒産した会社には支払をしなくてもよい」という誤解をされている業者や,「これを機に」といわんばかりに何かと文句をつけて支払に応じない理不尽な業者が現れることもあります。そうした取引先に対しては,まずは理解を得るよう説明をすることになりますが,それでも応じなければ訴訟手続の利用も検討するべきです(再生債務者には再生債権者に対する公平誠実義務がありますので,安易な妥協は許されないと心掛けるべきです)。

4 債権者説明会の開催

1 債権者説明会の出席予定者

債権者説明会は,再生債務者が再生債権者ら利害関係人に対して,再生申立に至った経緯,事情の報告,説明をするために行われます。したがって,再生債務者,代理人弁護士と,再生債権者らが出席することになります。マスコミや再生債権者以外の取引先等の第三者は対象とはなりません。

なお,債権者説明会は,再生債務者が主催する私的な説明会ではありますが,実務上は,裁判所から監督委員に選任された弁護士がオブザーバーとして参加することが多いです(監督委員(裁判所)は,債権者集会を債権者の意向を聴き取る最初の機会として,位置づけることになります)。

2 設 営

会場を手配したら,会場の見取り図を入手し,受付,壇上,壇上における代表者,弁護士,監督委員,司会の配置を決めておきます。なお,監督委員は,オブザーバー参加という位置づけになることから,席の配置にあたっては,再生債務者及びその関係者と距離をあけて席を設けるなどして,再生債務者と監督委員とは立場が違うということを明確にしていただくよう配慮が必要です。

また,マイクも別料金でレンタルするケースが多いので,予めマイクも手配しておきます。マイクの本数は,質疑応答の際債権者にマイクをまわす必要がありますので,マイクは壇上用に3本〜4本,コードレスマイクを1本借りて

おく必要があります。

また、控え室も手配しておきます。

3　受　付

受付担当として、従業員か弁護士事務所事務局員を派遣します。人数については、受付でもたついていると債権者を苛立たせてしまいますので、受付がスムーズにできるよう、債権者の数を踏まえて十分な人員で対応するのが望ましいです。受付で混乱にならないよう、指揮できる人間を1人配置しておきましょう。

受付では、債権者名簿をもとに出席者をチェックします。要領としては、名刺を頂戴するか、口頭で債権者名を尋ねます。名刺をもっておらず債権者であるか不明な場合には、念のために債権者に配った説明会の案内文を持参しているかを確認させてもらう場合もあります。マスコミなどの債権者以外の人間が入場することを阻止するために、債権者名簿に照らし合わせて債権者であることをしっかり確認した上で入場していただくことが重要なのです。

もっとも、名簿から漏れてしまった債権者もいる可能性があるので、そのような場合は名刺を頂戴して現場指揮者に確認をとるなどして柔軟に対応せざるを得ません。債権者であるにもかかわらず入場拒否をしてしまっては、それこそ大問題になりますので。

4　司　会

債権者説明会における司会は、従業員にお願いする場合もありますが、可能であれば弁護士が担当するのがよいでしょう。弁護士が少人数である場合は、司会を設けず申立代理人の席から司会を行うのでもよいでしょう。

説明会は、全て司会の指揮のもとで進行します。

たまに、進行の途中で意見をいったり、場合によってはヤジを飛ばす債権者がいますが、そのような場合は、「ご意見等がある場合は質疑応答の際にお伺いしますので、まずは流れに沿って進めさせてください。」と申し出、債権者

を静止します。

5 開会後の流れ

【Know How】
債権者説明会は，以下の流れで進めることが一般的です。

一，開会のことば
　司会によって開会宣言をします。
二，出席者紹介
　司会によって紹介します。紹介された者は，立ち上がって一礼します。
三，代表者謝罪
　時間はあまり長すぎないことに留意することが大事です。ついつい謝罪の気持ちから長々と話してしまうものですが，たくさん話しすぎると言訳を言っているように聞こえるので，注意が必要です。
　内容については，とにかく申し訳ない，ということを誠心誠意伝えることを中心とし，今後の再建方法など再建に関することについては，軽く触れる程度にして詳細な説明は弁護士に委ねるのが賢明です。
　社長自身が再建の話を強調してしまうと，人の借金を踏み倒しておいて自分は生き残るのか，と反感を買いかねません。言葉一つ一つには細心の注意を払う必要があるので，心配でしたら事前に弁護士と相談して，リハーサルをしておくとよいでしょう。
四，申立代理人の説明
　申立代理人の説明は，一般的には以下の内容になります。
　① 民事再生手続申立に至った経緯等
　　申立代理人が民事再生申立てに至った経緯を説明します。会社が傾いた原因（窮境原因と言います）を除去することで，再生を目指すことを説明します。
　② 再生を目指すことを強調すること

取引業者の多くは，民事再生＝破産と誤解しておられます。

そこで，民事再生は再生を目指す手続であることを強調して説明することになります。

③　債務の支払ができないこと

代理人弁護士は，弁済禁止の保全処分によって，申立前の支払ができないことを説明します。

また，再生手続開始決定前に生じた債権は再生債権となって，再生手続の中でしか支払ができないことを説明します。

④　少額債権弁済の案内

一定の少額債権については，裁判所の許可のもと支払ができることも説明します。これにより，債権者数を相当絞り込めますので，きちんと説明することが重要です。

少額債権の支払も債権者の数が増えてしまうと，資金繰りに支障が生じることがありますので，いくらまでならば少額債権として弁済の対象にするのか，事前にきちんと検討しておくことが必要です。

⑤　今後の仕入への協力

場合によっては，資金繰りの内容等を説明し，再生手続開始決定後の仕入は共益債権となるので，支払に問題がないことを説明する必要があります。仕入条件についても，現金仕入れだけでなく，一定の支払条件を示して，協力をお願いすることになります。

仕入先に対しては，申し立て会社が民事再生で生き残ることによって，仕入先にとっては，販売先である申立会社が末永く生き残り，仕入先が一定の利益を稼いでいけることを強調して，訴えることになります。仕入先を含む債権者にご迷惑をかけないためにも，破産手続ではなく，民事再生手続を申し立てたと説明し，仕入先にとっても再生手続に協力することがメリットがあるなと感じてもらえるように説得することが大事になります。

⑥　仕入先への最大限度の配慮

　　仕入先の中には連鎖倒産までいかないまでも大変な迷惑を受けるところも多々あります。申立会社から入ってくる売掛金の回収ができないので，銀行返済に困ったなどの相談を受けることもありますので，迷惑をかけた仕入先に役立つ情報を提供することも多々あります。

　　仕入業者向けに「金融機関への返済猶予の申入書」を準備したり，倒産防止共済やセーフティネット貸付制度の紹介を行うこともあります。

⑥　破産時配当の数字には注意が必要

　　場合によっては，破産時配当の簡易な見込みを伝えることもあります。しかし，客観的な数字をつかむ前に安易な数字をつかんで，後々トラブルになってしまうと問題ですので，客観的な裏付けがある場合に限定した方が良いでしょう。

五，質疑応答

　　質疑応答は，債権者からの質問にスムーズに答えるためにも，なるべく事前にQAを用意しておくと良いです。

　　質疑応答にきりがないようでしたら，司会の方で「会場の関係上時間に限りがありますので，次のご質問を最後のご質疑とさせてください。まだご意見等ある方は，後ほどご連絡いただければ個別にご対応します。」等述べて打ち切ります。

六，監督委員から一言

　　予め，監督委員に一言いただけるか，打診しておきます。

七，閉会のことば

　　司会の閉会宣言によって閉会します。

　　一同立ち上がり一礼します。

5 申立直後の対裁判所対応

1 弁済禁止の保全処分

　弁済禁止の保全処分について説明します。

　弁済禁止の保全処分が発令されることにより，弁済が禁止されますので，取り立てに来る債権者に対しても，「裁判所から禁止命令が出ている」との説明ができるわけです（物の引上げに任意に応じることも，「代物弁済」として禁止の対象とされます）。また，弁済禁止の保全処分が発令された後，手形の決済ができなかったとしても，それは，裁判所の命令によって決済（弁済）が禁止されたことによるものです。そこで，いわゆる不渡り事故とはならず，銀行取引停止処分が回避され得るのです。

　民事再生手続開始の申立を行っても，開始決定が下されるまでの間は，当然ながら民事再生手続は開始しません。しかし，申立後，債権者に対し申し立てた旨の通知をすることにより，民事再生の申立がなされたことが開始決定前に公になるわけですから，民事再生申立がなされたことを知った債権者が押しかけてきて，強行に返済を要求したり，納品したものを強引に持ち帰ったりして混乱状態となる危険があります。一度納品を受けたものは，所有権留保特約などの担保がついていない限り会社の所有物ですし，所有権留保特約がついていても，会社が占有している物をしかるべき法的手続を踏まずして勝手に持ち帰ることは法律に反し許されません。法は自力救済を認めていないからです。

　そこで，この間の会社の財産を守るための手続として，「弁済禁止の保全処分」を裁判所に対し申し立てます。

　弁済禁止の保全処分にも例外が付されることがあります。

　「10万円以下の債務」「再生債務者の事業所の賃料，水道光熱費，通信に係る債務」等です。

　民事再生は会社の再建を目的とするものであり，引続き事業を継続していくことを予定しておりますが，全ての弁済をストップしてしまうと，事業継続が

困難となり,かえって再生に支障をきたすので,一定の例外が認められることがある。

　もっとも,サンプル(書式❹参照)は一例に過ぎず,裁判所に事前相談をしておく必要があります(書式❷参照)。裁判所は,債務者の資金繰りや禁止とする必要性を考慮の上でどのような例外を設けるかを検討,判断するようです。

【Know How】 弁済禁止の保全処分申立の留意点

　どの程度までの少額債権を弁済禁止の例外とするかは資金繰り次第になりますが,再生計画の少額債権弁済などとの均衡は気にする必要があります。例えば,10万円以下の債務を弁済禁止の例外としたのに,再生計画では10万円以下の債務もカットの対象としてしまっては,結果的に債権者不平等になってしまいます。

　弁済禁止の例外として,10万円以下の債務としても,再生手続開始決定が出されてしまいますと,原則として,再生債権として支払は禁止されます。もちろん少額債権として処理すれば良いのですが(法85条5項),滞納している10万円以下の債務については保全処分中に支払ってしまえば,事務処理は楽になります。

　また,事業継続に必要な物件を賃借している場合,賃貸借契約が解除されてしまうと,大変な事態になってしまいます。滞納している賃料債務についても支払っておいて,債務不履行されないように努めることも検討しておくと良いでしょう。

2　共益債権化の申請

　再生債務者は,民事再生申立後も事業を継続しますので,当然ながら事業に伴う取引が発生します。しかし,開始決定までの取引によって再生債務者に対し発生した債権は再生債権となってしまうため,取引先としては,債務免除の対象となる再生債権がむやみに増えるような取引をあえてすることはないでしょう。

そのため，申立後再生手続開始決定までの取引に伴う債権を共益債権として弁済できるようにする必要があります。そこで，監督委員に対し，裁判所の許可にかわる共益債権化の承認申請を行います（法120条）。

　共益債権化の承認がなされれば，申立後の取引に基づいて発生した債権（仕入代金等）**は再生手続によらず弁済することができるようになります**。

　先の弁済禁止の例外によって，申立前の取引債権のうち事業に影響を及ぼす債権の弁済が可能になり，共益化の承認によって申立後開始決定までの取引のうち事業に影響を及ぼす債権の弁済が可能になる結果，民事再生の申立を行うことに伴う事業の支障を最小限にとどめることが可能になるのです。

3　監督委員との面談

　申立代理人は，申立後，すぐに裁判所に選任された監督委員（選任対象となるのは，倒産の経験を積んだベテラン弁護士です）に連絡をします。裁判所は申立前に監督委員を選定しますので，申立後速やかに連絡をとり，説明会の出席依頼，面談アポイント依頼を打診します。

　監督委員に対しては，再生債務者の概要，申立に至った経緯，今後の問題点，検討している再生計画の流れ，資金繰り方向性について説明することになります。

　また，監督委員からも，事前に申立書に基づいて質問がなされますので，その場で回答できない場合であってもなるべく速やかに回答をしなければなりません。

　監督委員は，裁判所から選任された弁護士ですので，監督委員とのやりとりは，裁判所とのやりとりだということを十分に留意した上で，状況報告をマメに行うことによって誠実に業務を遂行しているということを認識してもらう必要があります。

　また，裁判所や監督委員への報告事項や，許可・同意を必要とする事項でない場合であっても，再生手続上重要だと思われる事項や，許可・同意を要する事項であるかどうか明確でないような場合は，逐一監督委員に相談するとよい

でしょう。

6 債権者対応

1 一斉レター配布

　第6章1項で記載したとおり，申立直後（申立当日）に，債権者に対し，民事再生に関する連絡文書をFAX等で送付することになります（書式❼❾参照）。場合によって各債権者のカテゴリーごとに異なる条件・異なる内容を通知する必要がありますので，そのような場合は，カテゴリーごとに内容を分けて作成しておきます。

(1) 従業員

　　従業員に集まってもらって民事再生の説明をする際，わかりやすくするために民事再生について簡単に説明した書面や，今後の対応マニュアルを配布します（書式❽参照）。

(2) 取引債権者

　　民事再生を行った旨の報告文書

　　今後の取引について

　　説明会案内文

(3) リース・割賦業者

　　民事再生を申し立てた旨の報告文書

　　リース債権の取扱いについて

　　説明会の案内文

(4) 担保権者（多くの場合は金融機関）

　　民事再生を行った旨の報告文書

　　別除権の取扱いについて

　　相殺禁止等の事務文書（書式❾参照）

　　説明会案内文

2 債権者に対する個別対応

申立直後は，債権者をはじめとして広く申立の事実が知れ渡ることになりますが，混乱を抑えるべく，細心の注意を払いながら対応していく必要があります。

特に，申立日～申立後1週間の間，債権者は突然民事再生の知らせを受けて混乱状態となり，債権回収に躍起となる債権者も出てきます。したがって，債権者から問い合わせや来訪の可能性がある本店，各支店，営業所，工場において債権者対応を整備しておく必要があります。

債権者対応としては，とにかく「公平性」を留意して対応していく必要があります。もちろん，担保権を有する債権者，有しない債権者等，債権の属性によって取扱いは異なってきますが，同じ立場の債権者であれば同様の扱いをしなければなりなせん。

以下，債権者の類型ごとにご説明します。

3 従業員（労働者）

会社にとって従業員は，二面性があります。会社のために一緒に働いてきてくれた身内のような存在である一方で，従業員も賃金支払請求権があり，債権者の一員でもあるのです。

従業員の賃金支払請求権は，法律上優先的に支払う義務がありますので（優先債権といいます。115頁参照），民事再生後も会社と一丸となり働いてもらう従業員に対し，賃金が今後もしっかりと支払われる旨の十分な説明を行い，安心してもらう必要があります。民事再生を経験したことのない従業員にとっては，世間一般と同様，民事再生＝破綻，倒産というイメージがあるなかで，職を失うのではないか，給与の支払がされないのではないか等，大いに不安となります。特に，申立直後は債権者対応等，従業員の協力が欠かせない時ですので，まずは従業員に対し，従業員の地位，給与は優先的に確保されることを十分に説明し，安心して仕事を続けられるようにしてあげなければなりません。

ベストは，申立当日に社長自ら全従業員に説明することが望ましいですが，会社によっては，全国的に各支店があったり，社長が全ての従業員に対応している時間的余裕がない場合もありますので，支店長に十分な説明を行い，支店長から従業員に説明してもらうこともあります。もっとも，当日の対応としては各支店長から報告という手順でも構いませんが，なるべく早期に社長自ら各支店にまわり，全従業員に面前で謝罪と今後の協力を仰ぐことが重要です。

【Know How】

従業員に対する給与等の未払額が大きい場合，労働者健康福祉機構によって実施される立替払制度を利用することもあります。労働者災害補償保険（いわゆる労災保険）の適用事業で１年以上事業活動を行っていた場合は，労災保険の加入の有無を問わず立替払を受けることができます。ただし，退職日の６カ月より前の未払賃金や賞与，解雇予告手当は立替払の対象とならないので注意が必要です。これにより従業員は早期に未払給与の一部を受領できることになります。

立替払制度の詳細は下記HPをご参照下さい。

http://www.rofuku.go.jp/kinrosyashien/miharai.html

上記説明の後，今後従業員に協力してもらいたいことを具体的に説明していきます。

まずは民事再生の一般的な説明をわかりやすく行い，申立前の取引に伴う支払はしていけないことやその例外，これから問い合わせのある債権者に対し，どのような対応をすべきか等を，レターを配布しながら網羅的に説明します。

また，債権者の問い合わせに対しては，無理に間違った対応をしないよう，わからないことは無理に答えないことを留意するよう説明しておく必要があります。想定される債権者からの質問に対し，どう答えるかを記載した，従業員向け債権者対応マニュアルを作成することをお薦めします（書式❽参照）。

詳細な内容は各業種，各会社によってまちまちでしょうが，一般的な対応例

を以下にあげておきます。

「本日（申立日）以降に取引をさせていただいた場合，その取引より発生する対価は必ずお返しします。」

「昨日までの取引に基づく対価は，たとえ支払期限が本日以降であっても，お支払できません。」

「お支払したい気持ちはありますが，裁判所からの命令なので，背くわけにはいきません。」

「お伺いした内容については，弁護士等に確認して折り返しご回答させていただくということでよろしいでしょうか。」

4　派遣社員

派遣社員は，従業員と同じと思いがちですが，再生債務者の従業員ではありません。したがって，派遣社員の労働対価は労働債権にはあたりません。

ただし，派遣社員にも引続き会社の再建に協力してもらう必要がある場合は，申立後の費用については派遣会社に支払をすることとなります。また，申立前の分についても，継続的給付契約として，申立日をまたぐ期間の費用は支払う余地があります（継続的給付を目的とする双務契約について法50条2項参照）。

5　租税公課

国税，都税，年金事務所等の租税公課も優先債権ですので再生手続によらずして支払うことができる債権です。逆に言えば，租税公課の債権者は，民事再生手続の影響を受けないため，再生債務者の財産に差押え等をなしうる立場にあります。

相手は国や地方公共団体なのでお手柔らかに，と思ってしまっては大間違いで，お役所は容赦ありません。したがって，なるべく早期に租税公課の担当者とアポイントをとり，会社の状況や支払う意思があること，弁済計画等を提示して，強制執行等行わなくても支払ってくるだろうと判断してもらう必要があります。毎月少しずつでも弁済していくといった姿勢が大切です。

また，アポイントについては，代理人弁護士に任せきりではいけません。役所によっては，「代理人とは話をしない。あくまでも代表者を窓口にしなさい。」という先もあります。このような場合には，代表者と代理人弁護士両者で面談する必要があります。なお，誠意を見せることが大切ですので，電話で済ませられるようなことでも，こまめに足を運ぶことが大切です。

実際の支払についてですが，破産の場合，国税，都税が社会保険料に優先するので，分割弁済等提案するときは，上記優先順位を配慮した弁済方法を提案することが望ましいです。

6　再生債権を有する債権者

再生債権とは，再生債務者に対し再生手続開始前の原因に基づいて生じた財産上の請求権をいいます（民事再生法84条第1項）。例えば，開始決定が発令される前の取引に基づく金銭支払請求権等は再生債権となります。

その他，開始後の利息，開始後に発生した損害賠償請求や再生手続参加の費用請求権も再生債権となります。

取引によって再生債務者に対して相手方が取得する債権や，金融機関が有する貸付金債権などの日常的に発生する債権の大部分は再生債権に該当することになるでしょう。

以下，特に問題となりやすいものとして，取引先への支払，不動産の賃料支払及び公共料金の支払について検討していきます。

a　取引業者対応

取引業者は，民事再生の経験や知識の乏しい先がほとんどですので，民事再生＝会社が潰れたものとの勘違いや混乱のために，すぐに状況確認のために来社されたり，電話での問い合わせがなされることが予測されます。取引業者は，今後も取引をお願いするので，丁重に対応することを要します。場合によっては取引先に足を運んで状況の説明をする必要があります。

特に，会社に対する取引依存度が高く，連鎖倒産の危険がある取引先に対しては慎重に対応する必要があります。なお，民事再生申立前の取引債権につい

て弁済許可が下りる場合もありますが，滅多に認められませんので，安易にその可能性を示唆し，期待を抱かれないようにしなければなりません。

また，連鎖倒産防止のための貸付制度等のセーフティネット（中小企業倒産防止共済やセーフティネット保証制度）などもありますので，そちらも紹介するといいでしょう。

なるべく連鎖倒産を回避すべく，以後の取引を現金取引にする（物の引渡と同時に支払をする）か，場合によっては前払取引にするなども対応として考えられますが，債権者ごとに不公平にならないよう，現金取引や前払取引にする場合は，全ての債権者に同様の対応をするか，それが困難であれば対象取引先となるための一定の基準を設けるなどして公平に取り扱わなければなりません。

b 賃貸借契約
(a) 再生債務者が賃貸人の場合

債権者が賃貸人である場合，債権として考えられるのが敷金・保証金です。

敷金・保証金は，再生債権に該当することになりますが，以下の規定によって特別の扱いが行われております。

① 92条2項

再生手続開始後の賃料債務について，6カ月分を限度として相殺できます。

② 92条3項

再生手続開始後に賃料を支払っていた場合は，6カ月分の賃料に相当する額を限度として敷金返還請求権を共益債権化することができます。

そこで，借主が民事再生の申立理由に賃料の支払を拒んできた場合も，この条項を説明して，賃料の支払をお願いすることもままあります。

(b) 再生債務者が賃借人の場合

賃貸借契約書には，民事再生の申立を解除事由にしているものが多々ありますが，このような取り決めがあっては民事再生という手続が意味をなさなくなってしまうので，賃貸人は解除権を行使することができないものと主張します（いわゆる倒産解除条項については110頁参照）。

他方，再生債務者である賃借人は，当該物件を利用する必要がない場合には，契約を解除することが可能です（法49条1項）。ただし，明け渡しまでの賃料相当損害金は共益債権として支払わなければなりません。

c 公共料金（水道光熱費）

公共料金の支払は，日々発生しており，しかも月毎に支払が確定するため，申立日を基準に日割り計算することは困難です。申立日の属する期間の料金は再生債権となり，支払うことはできませんが，サービス提供業者は，再生手続の開始後は，再生債権部分の支払がないことを理由に供給を止めることはできません（法50条1項）。

このこととの関係で，申立日の属する月の債権は，申立前の債権であっても共益債権としての支払を受けることができます（同条2項）。

【Know How】

電気料金等の公共料金の滞納額が大きく，電気等の公共サービスが停止されかねない場合もあります。

その時に威力を発揮するのが民事再生法50条1項です。

電気，ガス，水道などの継続的給付は，事業継続のためには，申立後も供給され続けることが必要となります。しかし，電力会社等の電気供給義務という給付は可分であるため，再生手続開始前の電力会社等の債権は再生債権となってしまい，再生債務者は支払ができません。しかし，それを理由として以後の電力等の供給をしないと言われてしまうと，再生を図ることはとてもできなくなってしまいます。

そこで，民事再生法50条1項は，再生手続開始前の電気料金等の不払を理由として，開始決定後に電力供給を拒むことができないとしているわけです。しかし，これはあくまでも民事再生手続開始決定が出された後の話です。そこで，今すぐにでも電気を止められそうな状況の場合には，裁判所と協議の上，早期に開始決定を出すようお願いすることが求められるわけです。

このような継続的給付を目的とする契約としては，電気，ガス，(上)水道，電話等があげられます。また，先に述べた派遣会社との契約も継続的供給契約と考えられる場合もあるでしょう。

d　金融機関対応

金融機関は，取引先が民事再生を申し立てるケースが多々あり慣れていることから，取引業者のように申立後すぐに保全対応に追われることはありません。

しかし，金融機関は，得てして多額の債権額を有しており，今後の民事再生手続が認可されるか否かを左右する極めて重要な債権者ですので，丁重に対応することが必要です。再生計画の内容についても，銀行の意向を伺いながら賛成を得られる可能性のあるものを作成していく必要があります。

そのためにも，申立直後から金融機関にはひととおり挨拶回りをし，密にコンタクトをとっていく必要があります。

少なくとも，申立当日に各金融機関に電話にてアポイントをとり，できれば当日，遅くとも数日以内にひととおり金融機関を訪問し状況説明及び協力要請を仰ぐ必要があるでしょう。

e　相殺禁止の対応について

金融機関対応と関連して，次の点に留意する必要があります。

預金口座がある場合，概ね金融機関は預金をロックします。これは，将来の相殺権行使の準備と考えられますが，**申立後に入金となった預金とは相殺することはできません**（相殺禁止。法93条4号）。この相殺禁止が適用されるためには，金融機関が「再生手続開始の申立があったこと」を知っていることが必要となるため，どの時点で金融機関が申立の事実を知ったのかが大きな問題となり得ます。

【Know How】

そこで，実務的には，民事再生の申立と同時に発令，交付される弁済禁止の保全決定書とよばれる書面を，速やかに，借入金のある取引金融機関の支店あてにFAXで通知をして（送信日時が印字されるため便利です），後日，

申立を認識した時点で争いが生じないように対処します（書式❾参照）。

申立後の入金部分については後日，解放を要請します。

7 別除権付債権

別除権付債権とは，再生債権のうち，質権や抵当権，先取特権等の担保権を有している債権をいいます。会社が所有する工場，本社ビル等の主要資産には，通常は，金融機関が不動産担保権を有していることが多いでしょうから，その場合，金融機関は別除権者として扱われることになります。

民事再生が成功するかどうかは，別除権者から理解を得られるかどうかに委ねられる部分が大きいことから，申立の早い時期に，別除権者を訪問して，今後の手続の見通しを説明し，再生への理解や協力を求めるべきです。

別除権の取扱いについては，第9章でご説明します。

7 マスコミ対応

債権者ではありませんが，ある程度の規模の会社であれば，マスコミが取材を申し出てくる可能性があります。また信用調査会社は，最新の情報を取得すべく申立当日にはほぼ必ず電話で問い合わせをしてきます。

そこで，マスコミ向けのレターを用意しておくことをおすすめします。

口頭で五月雨式に話をしてしまうと余計なことまで話してしまったり，歪曲化して報道されるリスクがありますので，レターにして正確かつ必要最小限の情報発信を行うことがよいでしょう。

コラム：民事再生と商取引債権の保護

　民事再生を申し立てると，通常，弁済禁止の保全処分も同時に申し立てますので，原則として，申立前は保全処分により取引業者への支払ができなくなります。また，民事再生手続開始決定後は，民事再生法85条1項により，取引業者の債権（再生債権の場合）の支払ができなくなります。

　しかし，商取引債権者に対し支払ができないことにより，今後の取引継続の拒否，支払条件の変更（例えば現金決済）を求めてくることがあり，事業に大きなダメージが生じてしまうことがあります。そうなってしまうと，商取引債権者以外の債権者（主に金融機関になるでしょう）への返済額も減ってしまい，債権者すべてが損をしてしまうことになります。

　そこで，事業価値のダメージを避け，商取引債権者以外の債権者（主に金融機関になるでしょう）の債権回収額を増やすためにも，商取引債権の支払ができないか検討することもあります。

(1) 申立前の留意点及び仕入停止

　民事再生法の中では，一部の債権者のみに支払をすることは債権者平等に反するので，許されていません。民事再生申立前であっても，偏ぱ弁済は，否認権行使の対象となっております。そこで，支払ができない状態（支払不能状態）になってからは，一部の債権者のみへの支払は問題となってしまう可能性があります。

　当然のことながら，民事再生の申立をすることを決意したのであれば，仕入は停止すべきです。漫然と直前まで仕入を続けていたとなれば，「取込詐欺」という批判を受けて，トラブルになってしまうでしょう。こうなると再建に協力を求めることも難しくなり，ひいては再生計画作成にも大きな支障が出てしまうこともあるでしょう。

　もちろんギリギリまで申立をするか否かで悩まれることもあろうかと思

いますが，申立を検討し始めたら，仕入（発注）は慎重にするべきです。

ちなみに，例外的な案件かと思いますが，民事再生手続開始申立の取締役会決議後，これを秘匿して，1か月以上営業継続の上，仕入を行っていた案件で，再生計画案作成・可決の見込みなしとして，申立が棄却された案件もあります（高松高判平成17年10月25日）。

(2) **弁済禁止の保全処分の例外としての弁済**（民事再生法30条1項）

前述のとおり，民事再生の申立と同時になされる弁済禁止の保全処分により，全債権の弁済が否定されると，事業活動に大きなマイナスの影響がありますので，少額の債権は弁済禁止の保全処分の対象外とされています。

東京地裁では，資金繰りに支障がない案件の場合は，10万円以下の少額債権を対象外とすることがあります。これにより少額の債権は，影響を受けないで済むことになります。

(3) **民事再生申立後開始前の仕入分**（民事再生法120条1項2項）

民事再生申立後，開始決定前の仕入債務も「民事再生開始決定後」になると，「再生債権」となり，弁済ができなくなってしまいます（民事再生法85条1項）。

（他方で，開始決定前の「保全期間」は，申立以前の債務の弁済は，保全処分により禁止されますが，申立後で開始決定前は弁済禁止の対象外です）

そこで，開始決定前にこの債権の「共益債権化」をするために裁判所の許可または監督委員の承認をとります。

実務上は，「包括的承認」をとり（民事再生法120条1項2項），商品の仕入等の日常的な取引については包括的許可や同意を得ておきます。保全期間中に発生が予想される債務の種別及び概算額並びに共益債権化された仕入債務の支払をしても「資金繰り」に問題がないことを説明した承認申請書を記載して，監督委員の同意を得ておきます。

なお，開始決定後の仕入債務は当然に「共益債権」となり，随時弁済が可能です。

(4) **手続円滑化のための少額弁済**（民事再生法85条5項前段）

　民事再生手続開始決定後は，再生債権の弁済は禁止されますが（同法85条1項），債権者数を絞ることで，再生計画案の立案を容易にするなど手続の円滑な進行を図る趣旨で，一定の少額債権について，弁済禁止の例外とするよう求めることができます（同条5項前段）。

　しばしばこの少額債権を超過する部分を放棄した債権者には，少額債権の弁済を行う包括的な形で，裁判所の許可を求めることが多いです。手続円滑化が趣旨ですので，債権全額について弁済がなされる必要があります。

(5) **中小企業者の債権に対する弁済**（民事再生法85条2項）

　再生債権者のうち，再生債務者を「主要な取引先（販売先）」とする中小企業が，再生債務者の弁済を受けられなければ，事業の継続に著しい支障をきたすおそれがあるときには，再生債権の弁済を許可する制度があります（民事再生法85条2項，3項及び4項も参照のこと）。

　ちなみに，当該仕入先にとって，再生債務者への販売額が原則として20％を超えていれば，「主要な取引先」と認められる可能性があると言われています。

(6) **事業の継続に著しい支障をきたす場合の少額債権の弁済**（民事再生法85条5項後段）

　取引業者の再生債権を弁済できなければ，再生債務者の事業継続に著しい支障が生じることがありますので，取引業者への支払をすることで，再生債務者の事業価値の毀損が防止され，取引業者の弁済をしない場合と比べて，他の再生債権者（一般的には銀行）の債権回収額が増大する（弁済率向上）関係が認められれば，裁判所の許可を前提に，弁済を行うことが可能です（民事再生法85条5項後段）。

　一般論として，手続円滑化のための少額債権（同法85条5項前段）と比べて，大きな額も「少額債権」として認容される可能性があります。

(7) **再生計画上の少額債権弁済に関する別段の定め（民事再生法155条1項但書）**

再生計画は平等であることが原則ですが，少額の再生債権については，別段の定めをすることが可能となっております（同法155条1項但書）。そこで，少額の債権部分は手厚く支払うなど（傾斜配分の計画），比較的商取引債権の支払を厚くした計画を立案することは可能です。

第7章 開始後の取組み
CHAPTER 7

1 開始決定後に生じる問題の解決

再生手続開始決定が出ても，しばらくは問題が生じることがあります。

取引先から商事留置権の主張を受けて，代金を支払わない以上，商品を引き渡さないと言われたり，売掛金の回収が困難になってしまうことがあります。

まずはこれらの問題の解決に努める必要があります。

1 売掛先からの支払が行われない場面

売掛先との関係では，次の点で，予定どおりの入金が滞るリスクがあります。

まず，相殺の可能性があります。確かに，民事再生手続では，再生債権の権利行使に基づく債権回収は原則として認められていません。しかし，当該債権者が，再生債務者に対して反対債務を負担している場合に，当該債務との対当額で相殺を行うことまでは妨げられていません。

そこで，再生債務者の取引先が再生債権を有している場合には，売掛金の請求に対して，再生債権と対当額で相殺する旨の意思表示をすれば，売掛金は対当額で消滅することになります[1]。

そうすると，当然，売掛金等の入金は行われないことになりますので，資金繰り計画の作成上は注意をすることが必要です。

また，商事取引を行っているような再生債務者については，動産売買の先取特権の行使に注意する必要があります。例えば，動産の売主（仕入先）は，動産が転売された場合に，その転売代金債権について差押え（物上代位）を行うことがあります。動産先取特権は，別除権として，民事再生の手続外で権利行使が可能ですので，動産の売主は，動産売買代金の支払を受けられない場合には，別除権の行使によって債権回収を図ることが可能なわけです。

　再生債務者が動産の転売先に対して有する売掛金を差し押さえられると，当該転売先からの入金は行われないことになりますので，可能な限り，早目の回収を心がける必要があります。また業種によっては資金繰り計画上，その可能性を留意しておく必要があります。

2　資金繰りの改善に向けた取組み

　民事再生の開始後に，事業を安定的に継続するためには，何よりも足元の資金繰りの改善が必要不可欠です。取組みの基本的な内容としては，平時と同様，「入金はできるだけ早期にしてもらい，支払はできるだけ先に延ばしてもらう」ということになります。

a　与信取引復活に向けたお願い

　債務者の民事再生申立によって，債権者は，以後，原則として債務者に対して有している債権の支払を棚上げされることになります[2]。そのため，再生債権者としては，旧債務が引っかかった状況で新たな買掛残高を増やすような取引（与信取引）には容易に応じがたいと思われます（感情的な問題も多分に含まれるでしょう）。また，再生債務者と従来取引をしてこなかった業者であったとしても，民事再生後は再生債務者の経済的信用が低下してしまっているため，なか

---

[1] もっとも，再生債権を自働債権とする相殺は，再生債権の届出期間内に相殺適状になった場合に限り認められます（法92条1項）。

[2] 申立の段階で支払が棚上げとなるのは，裁判所が発令した弁済禁止の保全処分の効力に基づくものです。これに対し，民事再生開始決定発令後は，民事再生法85条1項によって，再生債権の支払は原則として禁止されることになります。

なか信用取引に応じようとしないことがあります。

このようなこともあって，民事再生申立後は，新たな仕入を行うために，現金決済や保証金の新規設定，積み増しを要求されることが多いです。

そのため，民事再生によっていったん債権者に対する支払が棚上げとなったとしても，事業を継続するための現金仕入を強いられることになるため，資金繰りがひっ迫することが予想されます。

多くの仕入先との間で現金決済取引となってしまうと，資金繰りが一気にタイトになってしまいますし，仕入を行うたびに現金決済のための事務処理が発生することになります。ただでさえ，民事再生手続のために事務負担が生じているでしょうから，担当従業員には多大な負担がかかってしまいます。

このようなことがあるため，決済条件の見直しに向けた取組みは，優先度の高い取組みとして位置付けるべきです。

【Know How】

具体的なお願い内容として，各債権者に対して，いきなり従来どおりの決済サイトでお願いすることは現実的に難しいでしょうから，**例えば，1カ月に2回の締め日をもうける「15日締め末日払い＋30日締め翌月15日払い」とか，「20日締め翌月10日払い＋10日締め末日払い＋末日締め翌月20日払い」といった比較的短いサイトで与信取引の再開を打診される**ことが多いでしょう。その際には，後述のように，民事再生手続開始後[3]に新たに発生した買掛金は，再生手続による債権カットの対象とならない旨説明し，全額約定どおり支払われることを説明し，また，取引継続により再生債務者・取引業者双方にプラスになる旨説明し，協力を求めるようお願いすることになります。

---

[3] 通常は，民事再生申立後開始決定までの取引によって生じた債権についても，手続開始後，「包括的共益債権化」手続（法120条）を経ることによって，全額保護されることになるでしょう。

なお，民事再生の場合，再生債務者に対する経済的信用が低下しているだけでなく，倒産の混乱を招いた経営者に対する不信感を有する債権者がいるかもしれません。そのため，代理人弁護士が中心となって取り組む方が理解を得られやすい場合もあります。

b 新規借入（いわゆるDIPファイナンス）

民事再生を利用する会社は，資金繰りがひっ迫していることが多いでしょうから，第三者から借入によって資金を調達することができれば，端的に資金繰りを改善することができます。そこで，手続開始後（場合によっては申立直後）に，再生債務者は，支援者から融資を受けることがあります（手続を申し立てた債務者に対する融資であることから，DIPファイナンスと呼ばれています）。

資金の提供者としては，経営者の親族，知人といったところから，大口取引先，金融機関，ファンド等の投資家が考えられます。

大口の資金を提供してくれるスポンサーがいる場合には，再生債務者は資金提供を受けると同時に，協力先から支援を得られた事実を外部にアナウンスすることによって大きな信用補完効果が得られます。これによって，仕入サイトを長期化してもらったり，取引条件の悪化を防止してもらったりすることが期待できます。そのため，有力な資金提供先がいる場合には，事業再生を実現できる可能性が大いに高まるといえるでしょう。

手続開始後の借入は，監督委員の要同意行為に指定されていますので，融資実行に先立ち，監督委員の同意を取得しておくことが必要となります。DIPファイナンス分の借入債務は，共益債権となりますので，民事再生手続外で随時返済を行うことになります（再生債権に対する支払よりも優先返済されます）。そのため，監督委員に同意を求める際には，借入を行う必要性だけでなく，返済計画の見通しについてもしっかりと説明することが求められます。

c 手形割引先の確保

民事再生を申し立てると，通常，金融機関との手形取引は停止することとなります。そのため，民事再生申立後になって，資金繰り計画上，予定していた手形の割引が得られなくなるといった事態が生じかねません。

手形取引の比率の高い会社の場合，手形の割引が受けられなくなることは，死活問題につながりかねません。

こうした事態への対処としては，新規の仕入の決済のために，自分が保有している手形を渡す（回し手形）ということが考えられます。振出人の経済的信用が高い場合には，この手法は有効といえるでしょう。

とはいえ，民事再生申立直後は，できるだけ手許に現金を残したいところです。そこで，市中の手形割引業者の利用を検討することが考えられます。一般に，市中割引業者は割引率が高いことに加え，割引依頼者たる再生債務者はただでさえ経済的信用は高くないことから，取引条件は決して有利とはいえないかもしれません。しかし，最近は，金融機関の関連会社等で，再生手続専門の割引業者もあり，そうしたところをうまく利用できれば，比較的有利な条件で手形を現金化することも可能です。

民事再生を申し立てると，代理人弁護士事務所には金融の情報が集まることが多いですので，上手に活用することで，資金難を乗り越えることが可能となります。

なお，手形の割引は，監督委員の要同意事項に指定されている場合が多いです。そのため，資金繰りを計画するにあたっては，手続を踏まえるための一定の時間が必要となることについても織り込んでおくべきです。

2　契約関係，法律関係の整理

以下では，民事再生の開始によって生じる契約関係上の問題点を整理します。

1　出発点

民事再生＝倒産というイメージがまだまだ強いこともあって，再生債務者の民事再生によって，契約関係がどのようになるのか（当然，打ち切ることになるのか）について，正確な理解のないまま，取引上の混乱が広がることがあります。

この点，破産の場合には，契約の一方当事者について破産手続が開始される

ことが契約終了事由として定められている場合があります（例えば，委任契約や組合契約等）。これは，法人破産の場合を考えると，破産によって，契約当事者が消滅することからも理解できるところです。

しかし，民事再生の場合には，再生債務者としての会社は，原則として，そのまま存続しつつ事業の再生を目指すわけですから，当然に契約関係が終了するとなると，いろいろと事業再生に支障が生じることが想定されます。そのため，民事再生の場合には，事業の存続を前提とした配慮が求められることになります。

2　相手方からの取引打切りの可否——倒産解除条項の効力

実務上，ある程度の継続的な取引関係を前提とした契約関係に関する契約書において，一方当事者について，「民事再生手続開始の申立があったこと」をもって，相手方当事者が当該契約を解除することができる旨の規定を置いている場合があります。

この点，ファイナンスリース契約の事案において，最高裁判所は，「少なくとも，本件特約のうち，民事再生手続開始の申立があったことを解除事由とする部分は，民事再生手続の趣旨，目的に反するものとして無効と解するのが相当である。」と判断しております[4]。

「民事再生手続の趣旨，目的」とは，経済的に窮境にある債務者について，再生計画を定めること等により債権者との間の民事上の権利関係を適切に調整し，もって当該債務者の事業の再生を図るということですので（法1条参照），**いわゆる倒産解除条項は，ファイナンスリースの場合に限らず，同様の特約は，民事再生手続の趣旨，目的に反するものとして効力を有しないものと考えられ**ます。

したがって，取引先が再生債務者に対して，倒産解除特約に基づき，契約関係の解除を主張してきた場合には，上記判例の考え方を踏まえて，契約関係の

---

[4] 最高裁判所平成20年12月16日判決

第7章　開始後の取組み

存続を求めていくことになります。

　もっとも，民事再生を行った再生債務者の経済的信用が低下してしまっている事実はなかなか否定できないところであり，取引の相手方が，契約期間の終了後，契約の更新を拒絶することまで制限することは難しいところです。そのため，お願いベースで交渉が必要になります。

3　双方未履行の双務契約の処理

　双務契約について再生債務者およびその相手方が，再生手続開始の時点で，ともにまだそれぞれの債務を履行していない時は，再生債務者は，契約の解除をし，または再生債務者の債務を履行して，相手方の債務の履行を請求することが可能です（法49条1項）。

　契約関係を存続させるか否かの選択権は再生債務者の判断に委ねられますので，相手方は不安定な地位に置かれることになります。そこで，相手方は，再生債務者に対して，相当の期間を定めて，その期間内に契約の解除をするか，債務の履行を請求するかを催告することができます（同条2項）。その期間内に確答がない場合には，再生債務者は解除権を放棄したものとみなされます（同条3項）。

　賃借人について民事再生手続が開始された場合には，基本的には，この双方未履行の双務契約の問題として解決することになります。

4　継続的給付を目的とする双務契約の特則

　電気，ガス，水道，電話契約等の継続的給付を目的とする双務契約は，再生債務者の事業の継続，維持に必要不可欠なことが多いですが，再生債務者が手続開始前の給付に対する対価を支払わないことを理由として，再生手続開始後の給付を拒絶されるとすると，事業継続に著しい支障が生じるおそれがあります。

　そこで，民事再生法は，再生債務者に対して，継続的給付義務を負う契約の相手方は，再生手続開始申立前の給付に係る債権について弁済がないことを理

111

由として，再生手続開始後の給付を拒むことができないと定めています（法50条1項）。

5 労働契約

使用者について民事再生手続が開始された場合については，事業再生を図る上で，従業員の解雇等の人員整理が問題となることもあります。

そして，使用者は，双方未履行双務契約の履行選択権に基づいて，従業員を解雇（労働契約の解除）するかどうかを判断することになります。

ただし，再生債務者たる使用者による解雇は，労働法上の解雇を制限する法理の適用を受けることになります。そのため，解雇予告期間および解雇予告手当といった規制は遵守しなければなりません。

労働者の有する未払賃金債権や退職金債権は，後述する優先債権となりますので，再生手続によらずに，随時，弁済を受けることになります。

3 払っていいものと払ってはいけないもの

1 原則的扱い

民事再生手続の開始によって，手続開始前の原因に基づいて発生した債権（再生債権）については，原則として，支払うことはできません。取引上の債務や，金融機関等からの借入金については，民事再生手続の開始によって棚上げされることになります。

しかしながら，以下の債権については，異なった扱いをすることになります。

2 少額債権

まず，再生債権の支払が例外的に認められる場合です。

a 85条2項の類型

再生債務者を主要な取引先とする中小企業者が，その有する再生債権の弁済を受けなければ，事業の継続に著しい支障を来すおそれがある時は，裁判所の

許可を得て，例外的に，当該債権者に対して，再生債権の支払をすることが認められています。

これは，再生債務者を主要な取引先とする債権者が連鎖倒産を防止するために定められた規定です。

b　85条5項前段の類型（手続円滑化のための少額債権弁済）

まず，再生債務者は，少額の再生債権を早期に弁済することにより再生手続を円滑に遂行することができる時は，裁判所の許可を得て，例外的に再生債権の支払をすることが認められています。

この場合の「少額」の基準については，おおむね10万円〜30万円程度を想定しているようですが，裁判所によって運用が異なることも考えられますので，事前によく相談しましょう。この例外を定めた趣旨は，再生債権者の頭数を減らす点にありますので，「少額」要件に該当する再生債権者については，全額を支払うことになります。また，「少額債権」として定められた金額よりも多額の債権を有する再生債権者に対して，「少額債権」額を超過する部分については債権放棄することと引換えに，「少額債権」部分を支払うという運用（例えば，少額債権が10万円と定められた場合に，15万円の債権を有する再生債権者が，任意に10万円を超過する5万円部分を放棄することと引換えに，10万円を支払うケースがあります）も認められているところです。

この手続円滑化のための少額債権弁済制度を利用する場合，対象となる再生債権者の頭数いかんによっては，相当多額の支出を伴うこともありますので，資金繰り計画と整合性を保ちつつ準備を進めることが不可欠です。

c　85条5項後段の類型（事業継続のための少額債権弁済）

次に，再生債務者は，少額の再生債権を早期に弁済しなければ再生債務者の事業の継続に著しい支障を来す時は，裁判所の許可を得て，例外的に再生債権の支払をすることが認められています。

この少額弁済が許可されるためには，少額債権を弁済することで，事業規模を著しく縮小する等の事情なく事業の継続が可能となり，ひいては，その他の再生債権者に対する返済額が増大できるといったような事情があることが必要

とされます。

d　少額債権弁済の機能

少額債権弁済は，商取引債権者（金融債権以外の商取引によって日常的に発生する債権）に対して，「少額」の範囲内とはいえ，再生計画によらずに再生債権の回収を認める機能を有します。

少額の再生債権者については，再生手続による支払の棚上げ状態が解消されることになります。そのため，少額債権弁済を有効活用することができれば，対象債権者との間の取引関係を維持することに理解を得やすくなるといえるでしょう。

そして，このことは，取引先の維持→事業活動の基盤の維持→返済額の極大化といった過程を経て，結果的に，すべての再生債権者の利益につながることになります。

3　共益債権

再生債務者は，共益債権に該当する債権については，再生債権に優先して，随時，弁済をすることになります（法121条）。

共益債権の範囲は，法119条，120条等で規定されています。

a　民事再生手続を遂行するための費用

法119条に列挙されている請求権は，基本的には民事再生手続を遂行するための費用ということになります。

中でも，**再生手続開始後に，再生債務者の業務，生活並びに財産の管理に関する費用の請求権**，すなわち，**開始決定後に取引業者との間で発生した債務**（原材料費，商品仕入代金，賃借料，光熱費，人件費等）が共益債権とされています（法119条2号）。手続開始後に再生債務者の事業継続のために発生した債務までもが支払の棚上げとなっては，到底，関係者の理解を得られないため，これらの支払については，滞りなく支払ができることは不可欠です。

b　手続申立後から手続開始までの間に生じた請求権

次に，再生債務者が，再生手続開始の申立後再生手続開始前に，資金の借入，

原材料の購入その他再生債務者の事業の継続に欠くことができない行為をした場合に，相手方が再生債務者に対して有することになった請求権は，一定の手続を経て（実務上は，監督委員に対して，共益債権化の承認を求めることになります），共益債権とされることがあります（法120条）。前述のDIPファイナンスは，この制度を利用することで，申立後開始決定前の融資実行分についても共益債権化することが可能です。

再生債務者に対する請求権が共益債権として扱われるのは，本来，手続開始後からなのですが，この制度を利用することで，再生手続の開始申立後開始決定までの間に再生債務者との商取引によって発生した請求権も共益債権として扱われることが可能となります。そのため，取引業者は，手続申立の直後から，安心して再生債務者との間で信用取引を行うことが可能となるわけです。再生債務者としては，現金仕入の割合が減ることで，資金繰りのひっ迫感がある程度緩和されることが期待できます。

c 双務契約の相手方が有する請求権

双務契約について再生債務者が支払（履行）を選択した場合に相手方が再生債務者に対して有する請求権は，共益債権とされます（同条4項）。

たとえば，賃貸借契約の借主について民事再生手続が開始された場合，再生債務者（借主）が賃料支払（履行）を選択すれば，手続開始後の賃料債権は共益債権とされます。

また，継続的給付を目的とする双務契約について，再生手続申立後再生手続開始前にした給付に関する請求権（一定期間ごとに債権額を算定すべき継続的給付については，申立の日の属する期間内の給付に係る請求権を含む）は共益債権とされています（同条2項）。

4 一般優先債権

一般優先債権とは，一般の先取特権または一般の優先権がある債権のことをいいます（法122条）。

一般優先債権は，再生手続によらずに随時弁済されることになります（法同

条2項)。その点で,再生債権よりも優先的取扱いがなされることになります。これは,法律の規定によって一定の優先権が付与された請求権は,民事再生手続においても,その優先性を尊重すべきとの配慮に基づくものです。

　一般優先債権の例として,雇用関係に基づく請求権,租税債権,社会保険料債権等があげられます。したがって,未払となっている給料や,延滞している公租公課については,再生手続による債務免除の対象外ということになります。

4　手続開始前の法律関係の是正を図る方法(否認権)

1　はじめに

　ある会社が倒産局面に瀕した場合において,会社保有資産を廉価で売却したり(財産減少行為とか詐害行為といいます),一部の特定債権者に対してのみ優先的に返済を行ったり,担保設定することがままあります(偏ぱ行為といいます)。支払を強要されやむなく支払に応じる場合だけでなく,長年のお付き合いや昔お世話になった方等の関係から支払うこともあるでしょう。

　このような財産の減少行為および偏ぱ行為は,否認権の行使を通じて,再生手続の中で是正されることが期待されます。

　以下では,典型的な否認権対象行為となる財産減少行為(詐害行為)と偏ぱ行為について簡単に触れます。

2　財産減少行為(詐害行為)

　財産減少行為(詐害行為)とは,再生債務者の財産を文字通り減少させる行為であり,贈与や廉価売買等がこれにあたります。また,適正な価格による処分であっても,再生債務者がその代金を隠匿するなどして財産を減少させる場合も含まれます。

　財産減少行為が否認権行使の対象とされる趣旨は,総債権者の債権回収の引き当てとなるべき財産が散逸してしまうことを防止し,すでに行われた場合には,事後的にこれを回復することにあります。

3 偏ぱ行為

偏ぱ行為とは，債権者の抜け駆け的債権回収行為をいいます。特定の債権者が，優先的に債権回収を行う場合や，担保権の設定を受ける場合がこれにあたります。

偏ぱ行為が否認権行使の対象とされる趣旨は，債権者平等原則の貫徹にあるとされています。すなわち，債権者平等原則は，本来，法的倒産手続の中で実現されるべき原則なのですが，倒産手続開始に至る近接した時期にも前倒ししてこれを及ぼすことによって，債権者間の不公平を是正する点にあるのです。

4 否認権の行使権者

民事再生手続においては，否認権の行使は，監督委員（または管財人）とされています（法135条1項）。

監督委員は，訴えまたは否認の請求（簡易な手続）によって，否認権を行使することになります。

5 裁判所の手続事項の整理

以下では，再生手続開始後の手続事項について整理します。

1 再生債権の届出，認否，調査

a 届出

再生債権者は，裁判所に対し，債権届出期間内に再生債権の届出をしなければなりません（法94条1項）。

債権届出期間は，通常，再生手続開始決定の日から2週間以上4か月以下とされています（民事再生規則18条1項1号）。具体的な届出期間は，再生手続開始決定時に定められることになります。

再生債権者から再生債権の届出がなかった場合には，原則として，失権する

ことになります(法178条)。

　長いサイトの取引債権については,そもそも,債権届出期間内に支払日が到来しない等の理由で,債権として経理が把握していない場合もままあります。

　債権届出期間内に債権届出がなかった場合でも,届出の追完は可能ではありますが(法95条1項),再生債権者について「その責めに帰することができない事由」があることが必要とされる(同条2項)点に留意が必要です。

　なお,債権届出期間との関係では,再生債権者による相殺は,債権届出期間内に限り認められる(法92条1項)点に注意してください。

b　債権認否・調査

　再生債務者は,債権届出期間内に届出があった再生債権について,その内容および議決権の認否を記載した認否書を作成しなければなりません(法101条1項)。

　再生債務者は,自分が把握している帳簿上の金額等と,債権届出の記載内容や届出の際の添付資料とを照合して再生債権の認否を行います。

　債権届出の際には,再生債権の裏付けとなる証拠書類(手形の写し,請求書等)もあわせて提出してもらうと,その後の債権認否における照合が容易になりますので,届出書とあわせて証拠書類を提出してもらうよう再生債権者に要請すると良いでしょう。

【Know How】

　債権認否の際に気をつけるべき点として,複数の取扱い拠点を有する再生債権者が再生債務者と取引をしている場合に,各店舗から,それぞれ債権届出がされる場合があります。また,合併前の各社から,合併後にもかかわらず,それぞれ債権届出される場合があります。信用保証協会などが途中で代位弁済することもあります。

　したがって,再生債務者が認否をする際には,債権の内容だけでなく,債権の主体の同一性の点についても,十分に注意することが必要となります。同一の債権を二重計上されていることがままありますので,注意が必

要です（万一二重計上を認めてしまった場合には，事後的に取下げを依頼するなど手間と万一の場合のリスクが生じます）。

再生債務者は，債権届出の内容に異論がなければ，債権認否書に当該届出内容を「認める」旨の記載をします。

なお，再生債務者は，届出がされていない再生債権で再生債務者が認識しているものについては，自認債権として扱い，債権認否表に記載することになります（法101条3項）。自認債権は，集会での議決権が認められない等手続へ積極的に参加する権能はありませんが，（失権することなく）再生計画に基づいて返済を受けることが可能です。

再生債務者が作成した認否書は，裁判所において，他の再生債権者らのために閲覧に供されることになります。再生債権者は，裁判所が定める債権調査期間内に，認否書記載の届出のあった再生債権の内容もしくは議決権の内容等について，書面で異議を述べることができます（法102条1項）。

再生債権の調査において，再生債務者が認め，かつ，調査期間内に他の再生債権者から異議がなかった届出再生債権は，その内容または議決権が確定することになります（法104条1項）。

債権の内容が確定し，裁判所書記官によって再生債権者表に記載されると，再生債権者の全員に対して確定判決と同一の効力を有します（同条3項）。

ここで確定した債権の内容は，再生計画案を作成する際の基礎となるとともに，債権者集会の際の議決権の基準となります。

2 財産状況の調査

再生債務者は，再生手続が開始すると遅滞なく再生債務者に属する一切の財産につき再生手続開始の時における価額を評定しなければなりません（124条1項）。これが財産評定です。

再生債務者は，財産評定を完了した時は，直ちに再生手続開始の時における財産目録および貸借対照表を作成し，これらを裁判所に提出する（同条2項）。

財産評定のポイントとしては，再生債務者の正確な財産状況を把握すること，清算配当率を算出することがあげられます。再生債務者は，その結果を踏まえて再生計画案を作成することになります。再生債権者にとっては，再生計画案に賛成するかどうかを判断するための重要な資料となります。

財産評定についての詳細は，章を改めて説明いたします（第8章）。

3　情報開示

再生債務者は，民事再生手続を通じて，裁判所，監督委員並びに再生債権者らに対して，随時，情報を提供し，開示することが必要です。

a　125条1項報告書

再生債務者は，再生手続開始後遅滞なく，①再生手続開始に至った事情，②再生債務者の業務および財産に関する経過および現状，③第142条第1項の規定による保全処分（法人の役員の財産に対する保全処分）または第143条第1項の規定による査定の裁判（役員の責任に基づく損害賠償請求権の査定の裁判）を必要とする事情の有無，④その他再生手続に関し必要な事項を記載した報告書を，裁判所に対して提出しなければなりません（法125条1項）。

再生債務者の報告内容は，財産状況報告集会（法126条1項）という債権者集会で報告することとされています。しかし，実務上，同集会は開催されることはほとんどなく，再生債務者は，125条1項報告書を，再生手続開始決定から2カ月以内に裁判所に対して提出することになります（規則57条1項）。

報告書を裁判所に提出した時は，再生債権者が閲覧できるよう，再生債務者の主たる営業所，事業所等に備え置くこととされております。また，財産状況報告集会が開催されない時は，125条1項報告書の要旨を債権者に周知させるために，その要旨を記載した書面を送付するか，債権者説明会を開催するなど適当な措置を取ることが必要です（規則63条1項）。

125条報告書についての詳細は，章を改めて説明いたします（第8章）。

b　月次報告書

上記のほかに，再生債務者は，再生債務者の業務および財産の管理状況その

第7章　開始後の取組み

他裁判所の命じる事項を裁判所に対して報告しなければなりません（法125条2項）。実務上は，月次報告書として，毎月一定の期日までに裁判所および監督委員に対して提出することになります。

月次報告書の具体的な記載内容は，業務の状況，損益の状況，資金繰り表の状況等が中心となっており，適宜，毎月の残高試算表（損益計算書，貸借対照表）および資金繰り予想表等を添付することになります（書式❶参照）。

c　再生債権者への情報開示

再生債権者は，裁判所において，再生債務者が裁判所に対して提出した書面や裁判所の作成した文書を閲覧したり謄写したりすることが可能です。

また，再生債権者は，債権認否書や財産目録，貸借対照表，125条1項報告書といった重要な書類については，再生債務者の主たる営業所または事務所等に備え置くことになりますので，再生債権者は，再生債務者からも直接情報の開示を受けることが可能です。

上記に加え，再生債務者としては，メインバンクや主要別除権者といった再生計画の成否の運命に大きな影響を有する主要再生債権者に対しては，随時，業務の状況や再生計画案の立案状況といった情報を提供し，債権者集会に向けて理解を得られるよう取り組むとよいでしょう。

第8章 財産評定等の作成
CHAPTER 8

1 財産の価額の評定等

1 財産の価額の評定等

(1) 財産評定の意義

　再生債務者は，再生手続が開始すると遅滞なく再生債務者に属する一切の財産につき再生手続開始時における価額を評定しなければなりません（民事再生法124条1項）。

　財産評定には次の意義があるといわれております。

a 財産状況を明らかにすること

　再生債務者は，将来的に再生計画案を策定しなければなりませんが，そのためには再生債務者の財産状況を明らかにすることが必要です。

　民事再生手続申立にまで至る会社の多くは，利益を多く見せるためなどの動機で会計帳簿が必ずしも正確にできていないことも多いです。また，会計上は正確であっても，その評価で財産を換価・処分できるとは限りません。たとえば，バブル期に購入した不動産は，現状ではその何分の1の評価しかつかないこともあるでしょう。

　適切な資産評価額がわからなければ，当該資産を換価するのか，保有継続す

るべきなのか意思決定もできません。適切な再生計画を立案するためにも財産状況を明らかにする必要はあるのです。

　b　清算価値保障原則の前提として必要

　債権者は，再生計画案に賛成し，再生債務者の事業継続を認めるか否かの材料として，再生手続開始時点で破産（清算）した場合，いくら回収できるのかに着目しております。そもそも破産（清算）した場合よりも，再生計画に基づく支払が少ない計画であれば経済合理性がありませんので，債権者の一般の利益に反するとして，かかる再生計画は認可されることはありません（法174条2項2号）。

　このように清算価値を上回る再生計画案を作る必要がありますので，そのためにも財産評定は必要なのです。

(2)　財産評定の評価基準

　財産評定は，事業清算を前提とした価額つまり，清算価値で評価することになります（民事再生規則56条1項本文）。清算価値は，早期処分価格といわれています。

　ただし，上記規則に，ただし書で，『必要がある場合には，併せて，全部又は一部の財産について，再生債務者の事業を継続するものとして評定することができる。』とありますので，事業継続価値つまり，今後事業を継続していく場合の経済的実態に即した価格（以下，実態価額という）で評価することもあります。これは再生債務者の事業の全部又は一部の譲渡が予定されており，その譲渡価格の適正さを検討する必要がある場合（スポンサー型の場合）を念頭においています。

(3)　財産評定に具体的に着手する前に

　実際に，再生手続開始決定時の手続に入る前に，少なくとも以下の点について確認しておくことがあります。

　①　プロジェクトチームの編成

第8章　財産評定等の作成

② 基準日の設定
③ 会計処理の確認
④ 勘定内訳の作成，内容把握
⑤ 資産の評価方法，負債の網羅性把握方法
⑥ 負債の法的分類を頭にいれておく

① プロジェクトチームの編成

　再生債務者が中心となり，経理担当者から情報を得て，再生債務者が一丸となって取り組む必要があります。顧問弁護士，顧問税理士さんはもちろん，実際には，当該分解して特化した専門家のアドバイスが大変有益です。事業再生を得意とする弁護士，公認会計士に相談するのもよいと思います。

② 基準日の設定

　基準日つまり，いつの時点の財産目録及び貸借対照表を作成するかを決定します。直近の決算日のものをそのまま使えれば便利ですが，そうはいきません。たとえば3月末日決算日の株式会社が，7月11日に民事再生開始の申立を行い，7月22日に開始決定が出された場合，開始決定日の当日までの取引を財産目録及び貸借対照表に反映させる必要があります。開始決定日の状態を判断材料とすることになります（前日の最終時点の残高＝スタート時点の残高となるためです）。

③ 会計処理の確認

　財産評定は，通常の会計基準とは異なり清算価値での評価となります。たとえば，通常の会計処理では資産性が認められる前払費用，繰延資産や繰延税金資産等は清算前提では資産性なしとしてゼロ評価となります。また，商品や製品も帳簿価格以上で販売できる見込みが乏しい場合，処分価格となります。詳しくは各勘定科目の箇所で説明いたします。次に，決算書上相殺されている項目を資産と負債の両建表示する必要があります。

④ 勘定内訳の作成，内容把握

　決算時と同様に，勘定科目ごとに勘定内訳を作成します。勘定内訳の内容ごとに，清算価値を判定していくからです。当該勘定内訳を基に，財産目録を作成するのが合理的と思います。勘定科目によっては現物と照合できるものがあります。現金勘定は手許現金残高，預金勘定は通帳又は残高証明書，受取手形は手形，有形固定資産は固定資産現物と当たり『実在性』『使用可能性』を確かめます。現物との照合ができないものは補助簿との整合性，滞留しているものはないかを把握しておくことも大切です。滞留の有無を把握するには，年齢表を作成することが有用です。

　勘定内訳してない項目，例えば利払を資金難により止めている場合，未払利息を計算し直す他，約定に基づく遅延利息も計算し，負債に別途計上する必要があります。債権届出書で確認します。

⑤ 資産の評価方法，負債の網羅性把握方法

　資産については帳簿価額を清算価値に修正します。ただし，事業継続前提価値の提出を求められている場合には，先に事業継続前提価値を求め，それに基づいて清算価値を算定するのが望ましいです。本書は，まず事業継続前提価値を求め，その結果を踏まえて清算価値を算出しています。

　負債については，『網羅性』つまり，負債を漏れなく計上することが大切です。よくあるケースとしては，20日〆の会社の場合，決算でも決算月の20日までの分しか反映していなかったり，請求書の到着が期をまたいで本来の会計期間に反映されないものを，取り込む必要があります。これを『期間帰属の適正性』といいます。また，通常は『オフバランス取引』とされ，バランスシート（貸借対照表）にOFFつまり計上しないことが認められている取引例えば，デリバティブ取引の時価等を金融機関から取り寄せ，計上することが必要です。

　他にも，訴訟案件を抱えていて敗訴の可能性が高く，金額を合理的に見積もれる場合には負債として計上する必要があります。債権届出書とつきあわせて確認することが必要です。

同一取引先に対する債権債務は相殺できるため，勘定科目ごとに金額及び取引内容を把握しておく必要があります。
⑥ 負債の法的分類を頭にいれておく
　負債には，再生債権，一般優先債権，別除権，別除権予定不足額に分類しておく必要もあります。

(4) 勘定科目ごとの財産評定におけるPOINT
① **現金及び預金**
基準日時点の現金及び預金の内訳を説明します。金融機関，支店ごと，かつ，預金の種類ごとに基準日残高を一覧表にしておくことが望ましいです。

(単位：千円)

預金の種類	基準日残高
現金	304
郵便振替	943
A銀行　当座	*13*
B信用金庫　当座	*24*
B信用金庫　普通	*49*
C銀行　普通	2,616
C銀行　普通	14,862
D信用金庫　普通	1,382
計	20,193

(SO：総勘定元帳，残高証明書)
(注) 斜体字の預金は相殺対象となる可能性があります。

【Know How】
【現金】
- 拠点別（金庫ごと）に金種表を作成し，元帳残高と照合する
- 金種表には現金管理責任者の承認印を押印すること
- 外貨に関しては，基準日のレートで換算する

- 為替レート表は取引銀行のものがよい
- 従業員や役員に対する仮払分が現金勘定に含まれている場合，仮払精算を行い，残金分のみを現金勘定に計上する

【預金】
- 金融機関／支店／預金種類ごとに通帳と元帳を照合
- 残高証明書を金融機関より取り寄せ，元帳と照合
- 元帳残高と金融機関の残高に差異がある場合，差異の調整を『銀行残高調整表』を作成し，両者の残高の整合性を検証し，適正な残高を把握する
- 金融機関からの借入金と相殺となる預金を把握しておく
- 大口定期預金等がある場合，未収となっている預金利息の金額を把握する
- 上記未収利息もできるだけ財産評定書等に反映させる

② 売上債権

売上債権には，受取手形，売掛金（業種によっては，業務未収入金といった○○未収入金という勘定科目も含む）が含まれます。

受取手形には，不渡手形，割引手形が含まれている可能性もあるので注意が必要です。不渡手形は，手形自体はあるものの，回収可能性が乏しく資産性に疑義があります。

不渡手形に貸倒引当金等を設定していない場合，回収可能性がないと判断する金額を減額修正する必要があります。

割引手形は，金融機関等で割り引いた手形です。手数料相当額を控除した金額が，すでに現金及び預金に振り替わっています。そのため，割引手形の額面額が受取手形勘定に含まれている場合には，減額修正する必要があります。

売掛金に関しては，滞留している売掛金がある場合，滞留原因をヒアリング等で把握して，回収可能性を検討します。売掛金の得意先元帳で残高を把握，

入金予定表で入金予定額をチェック，実際に入金しているか当座照合表や通帳で確認します。これにより，入金予定をすぎても入金のない売掛金が把握できます。滞留予備軍です。次に入金されない理由を把握します。得意先未検収，値引きの処理漏れ，単価未決のまま取引が先に開始された等，合理的な理由もあります。クレームがついて支払に応じないこともありえます。入金がないことに合理的な理由がない場合，得意先の資金繰りが悪化し，債権が滞留していることが考えられます。

Agingリスト

(単位：千円)

	H22/5残高
2カ月以内	7,000
2カ月超	2,000
1年超	1,000
計	10,000

得意先内訳

(単位：千円)

得意先名	主な売上製品名	基準日残高
A		785
B		562
C		441
D		233
E		179
F		156
G		131
H		124
I		119
J		112
他35社		790
計		3,632

(SO：得意先管理簿)

得意先に速やかに連絡を取り，回収に努める必要があります。場合によっては，得意先に債権債務の残高確認状を発送するのも有効です。

【Know How】

【受取手形】
- 受取手形を手形のポジションに応じて分類して金額を集計することになります。
  - ⅰ) 手許保管手形
  - ⅱ) 取立依頼中の手形
  - ⅲ) 裏書手形
  - ⅳ) 割引手形
  - ⅴ) 担保に供している手形
- 手形管理帳といった補助簿と総勘定元帳の金額が合致しているか確認する
- 先日付小切手は会計上，受取手形勘定とする
- 残高証明書を金融機関より取り寄せ，元帳と照合する
- 支払手形や買掛金を有する仕入先と得意先が同一の場合，相殺対象となりうる債権を把握する
- 振出先，裏書先の与信力を勘案して回収可能性を判断する。特に，決済期日が商慣習に比して大幅に長いものに関しては，回収可能性に留意する

【売掛金】
- 得意先元帳といった補助簿と総勘定元帳の金額が合致しているか確認する
- 金額的に重要性のある得意先には残高確認状を発送して，回答と照合する
- 年齢表等を用いて滞留している売掛金は，回収可能性を勘案して回収可能価額で評価する
- 外貨建売掛金がある場合は，基準日のレートで換算する

- 支払手形や買掛金を有する仕入先と得意先が同一の場合，相殺対象となりうる債権を把握する

③ **棚卸資産（在庫）**

棚卸資産には，商品，製品，仕掛品，原材料，貯蔵品が該当します。棚卸資産でポイントとなるのは，「果たして売れるのか」，「売れるのなら，いくらでいくつ売れるのか」です。

棚卸資産は悩みどころ満載な勘定科目でもあります。

- いつ仕入れた在庫が何カ月間もしくは何年間残っているのか？
- 年間実際にどれだけ売れているのか？
- 在庫数量は年間販売数量に比して適正水準か？
- 陳腐化等していないか？
- 帳簿数量が本当に実在するか？　などなど

棚卸資産は数量の面と価格の面，時間軸に分けて検討すると，わかりやすいと思われます。

リットルあたり材料単価推移

（単位：円/リットル）

種類	H20/3期	H21/3期	H22/3期	H23/3期	H24/3期
C重油	41	40	43	51	60
ガソリン	150	128	145	135	140
灯油	120	122	119	121	120

（SO：価格推移管理簿）

材料数量推移

（単位：リットル）

種類	H20/3期	H21/3期	H22/3期	H23/3期	H24/3期
C重油	3,800	3,360	3,150	2,900	2,700
ガソリン	6,420	6,000	4,850	6,300	4,500
灯油	2,800	3,000	3,300	3,500	3,800

（SO：在庫数量管理簿）

〈いくつ〉

　実際の販売実績を管理している資料から正常在庫数を把握し，それを超える在庫数を過剰在庫として捉えます。

〈いつ〉

　いつ仕入れたものか，いつ製造したものかという観点も，重要となります。仕入れてから，もしくは製造してから年月の経過したものは，機能的に劣化している可能性があります。機能的に使用可能でも陳腐化（時代遅れ）になっていると商品価値が下がり，実際に売れる値段は下落します。

〈いくらで〉

　また，帳簿価額と正味実現可能価額（＝売価－原価－販売コスト）を比べて，売却可能価額を検討します。

　売価とは，実際に売れる値段です。定価ではありません。清算価値を前提とした場合，在庫は『倒産した』会社の商品（製品）というレッテルを貼られてしまいます。

　事業継続を前提とした場合ですら，風評被害で実際に売れる値段が下落します。まして，民事再生となると，『倒産した』会社の商品（製品）はバッタ屋さんに買い叩かれるのは必至です。

　そもそも，申立人（申立会社）の中には，仕入時期を管理していない会社も珍しくありません。「管理より営業の方が大切だ」と言い切る経営者さん。もちろん営業も大事なのですが，何がいくつあって，いつ仕入れたのかを把握することは，経営の基礎となる部分です。再生後は，こういった管理もしていかなければ，二次破綻の恐れもあります。

　会社の試算表上特に，期の途中での状況では，期首の在庫金額がそのまま残っていることも珍しくありません。申立人（申立会社）の中には，「うちは上場会社じゃないんだから，月末ごとの理論在庫（仕入と出荷，もしくは製造と出荷の結果，あるべき在庫数量）なんて，わからないよ」。しかし，このまま財産評定書を作成すると売上原価＝仕入高となり，損益計算書も貸借対照表もおかしな話になってしまいます。会社は，ここ数カ月資金不足から仕入が思うようにで

きなかったから，手許の在庫を消化していっているに過ぎないのに，利益が出てきたと勘違いしていたのです。

　会社は，ここ数カ月資金不足から仕入できなかったことにより在庫を消化しているに過ぎないのに，利益が出てきたと，勘違いしていたということです。

　数が決まったら次は，評価（いくらなの?）です。

　在庫の評価が一番難しいところです。棚卸資産には，株式の株価や金は相場，もしくは土地は不動産鑑定評価額や路線価と違って，客観的な時価がありません（株式や金，土地を棚卸資産として事業を行っている場合は除きます）。となると，時価は，直近の売買事例価格に基づいて算定することになります。

　また，時価は数量に応じて時価は変わることも想定されます。つまり，市場のニーズを超える数量に対して，市場は従前の時価では買ってくれないとうことです。これは，需要と供給のバランスによるもので，過剰在庫ともいいます。

　過剰在庫のボリュームを把握するには，棚卸資産の回転率（回転期間）が参考になります。

（単位：千円）

製品名	基準日残高	製造後1年以内	製造後1年超	年間販売実績数	含み損
A					
R					
C					
D					
E					
計					

（SO：製品管理簿）

(単位：千円)

製品名	基準日残高	時　価	含み損
A			
B			
C			
D			
E			
計			

（SO：製品管理簿）

【Know How】

【棚卸資産】

- 棚卸資産を，製品，商品，原材料，仕掛品（未成工事支出金），半製品，貯蔵品に分類する
- 総勘定元帳と在庫明細表といった補助簿との金額の整合性を検証する
- 棚卸を実施して基準日数量を確定する
- 理論在庫数量と棚卸数量に異常なほどの差異はないか？
- 数量を正常品と正常品以外に評価する（品質や機能に問題がないか？）

　　　正常品以外とは，たとえば手直しが必要なＢ級品（品質や機能に問題のあるもの，箱や容器の形状に問題のあるもの，過剰在庫など）
- 過剰在庫数量は，商品ごとの回転率（もしくは回転期間）で算出する
- 時価（清算価値と事業継続価値）の根拠は，明確な資料を作成すること
- 仕掛品（未成工事支出金），半製品は完成までの工程を合理的に見積もり，完成品としての評価額に工程の進捗割合を加味した金額とする

④　固定資産

- **不動産**

固定資産には，建物，土地，機械装置，構築物，車両，什器備品等様々なも

のがありますが，中でも最も金額的に多額になるのはやはり不動産（土地，建物）です。不動産に対しては，担保権（別除権）が設定されているでしょうから，金融機関は別除権を行使していくら回収を図れるか否かに関心を持っています。

　不動産は，不動産鑑定士が作成した不動産鑑定評価書に基づいて評価します。財産評定では早期処分価格を用いるのが通常です。ただし，継続企業を前提とした正常価格も鑑定評価してもらうことが望ましいです。鑑定評価額は再調達価額や収益還元価値，近隣の取引売買事例価格等様々な観点から土地を評価し，最終的な鑑定評価額を算出します。鑑定書内に記載される『正常価格』とは通常の売買で用いられる価格です。対して，『早期処分価格』とは，通常の売買のように悠長に買い手を待つのではなく，今すぐ買ってくれるならこの値段という，いわば，叩き売り価格です。

　また，申立書にも早期処分価格をそのまま用いるのではなく，内容を検討して財務調査報告書に織り込むのが望ましいです。

・不動産以外の有形固定資産

　不動産以外の機械装置，構築物，車両，什器備品は不動産ではないため，不動産鑑定士の（鑑定評価書の）鑑定評価の対象になっていません。不動産以外の固定資産については，固定資産台帳から個々に固定資産をPICK UPして，

　a）　本当にあるのか
　b）　どこにあるのか
　c）　現物はあったとしても使用可能なのか
　d）　残存耐用年数は残っているのか
　e）　過年度の減価償却は適切に行われてきたのか
　f）　売ったらいくらか

を調べて評価します。

　最近では中古自動車をインターネットで評価してくれるサイトもありますので，利用するのも1つの手です。

- **不動産以外の無形固定資産**

　ソフトウエア，電話加入権といった無形固定資産についても，資産台帳から個々に固定資産をPICK UPして，

　　a） 本当にあるのか
　　b） どこにあるのか
　　c） 現物はあったとしても使用可能なのか
　　d） 残存耐用年数は残っているのか
　　e） 過年度の減価償却は適切に行われてきたのか
　　f） 売ったらいくらか

を調べて評価します。

　なお，貸借対照表に有形固定資産や無形固定資産の内訳としてリース資産が計上されていなくても，リース資産について契約書や支払予定表をCHECKして，リース会計基準に照らして重要性のあるものは，オンバランス（貸借対照表，及び財産目録に計上）する必要があります。また，リース資産に対応するリース債務計上するのも忘れないように注意が必要です。

（単位：千円）

a/c	H22/3時点	償却不足額	規則償却後 H22/3時点	現物なし	実在している資産	含み損	H22/3時点 現在進行中 工事	修正後 H22/8時点
建物								
建物附属設備								
構築物								
機械装置								
車輌運搬具								
工具器具備品								
建設仮勘定								
計								

（SO： 固定資産減価償却内訳明細書，過年度の償却不足額認書）

【Know How】

【不動産】
- 総勘定元帳と固定資産台帳の整合性を検証する

- 登記簿謄本等で所有権の所在，別除権の有無を確認する
- 不動産鑑定士に鑑定評価を依頼する（参考値として，固定資産税評価額や路線価も調査しておく）
- 遠隔地や遊休地の場合，不法占拠者の有無や現況確認をしておく（固定資産実査）

【有形・無形固定資産（不動産以外）】
- 総勘定元帳と固定資産台帳の整合性を検証する
- 固定資産実査
- 自己所有の不動産とリース資産，もしくは借入資産，貸与資産に区分する
- 減価償却不足額のある固定資産は計画規則的に償却後の簿価に修正する
- 計画規則的に償却した後の簿価を基に，売却可能価額を算定する
- 耐用年数経過後の資産については，特に今後の使用可能性に留意して評価する
- 著名な作家による美術品については美術年鑑の価格を参考としたり，場合によっては専門家の鑑定評価を検討する。美術年鑑の価格は作家の代表作の価格を基に号数で決まるため，そのままの価格を用いると割高な評価になりやすい点に留意が必要。なお専門家の評価は評価の報酬が高く，かつ，必ずしも客観的とはいえない場合もあり留意が必要。

【リース資産，リース債務】
- リース契約書や支払予定表に基づき，リース取引をリストアップする
- リストアップした明細とリース資産の現物を照合する
- リース資産の売却可能価額を算定する
- リース債務は，支払予定表に基づく額（但し，支払遅延等ある場合はそれを考慮する）

⑤ 投資その他の資産

投資その他の資産には，投資有価証券，子会社株式，貸付金，保険積立金，ゴルフ会員権，差入保証金，長期前払費用などがあります。

・投資有価証券

投資有価証券の具体的な内容は，上場株式（時価のある株式）や非上場株式，公社債などです。上場株式等，時価のある有価証券は東証終値等の時価にて評価します。付き合いや仕事上のからみで保有している非上場株式は，時価のない有価証券に該当します。被投資先の決算書（貸借対照表の純資産額と資本金）に基づいて，純資産法等合理的な方法で評価します。

・子会社株式

子会社株式も時価のない有価証券同様，純資産法・DCF法等合理的な方法で評価します。親会社が子会社に対して営業債権を有している場合，純資産法に基づく含み損割合が営業債権の回収可能性に影響を及ぼす可能性も併せて検討しておく必要があります。

・貸付金

貸付金は，期間の長短を問わず，貸付先の財政状態及び経営成績，回収状況，担保設定状況等を総合的に勘案して評価します。同族会社の場合，事業に対する融資ではなく，同族に対する個人的な貸付が多く，個人的資力に応じた評価をすることに注意を要します。

・保険積立金

生命保険には終身保険や養老保険，定期保険の種類があります。

種類	満期保険金	解約返戻金のカーブ
養老保険	あり	満期に向かって増加
終身保険	なし	満期に向かって緩やかに増加
定期保険	なし	期間の経過により変動

生命保険契約の種類，保険金受取人（死亡保険金及び満期保険金）が誰かによっ

第8章　財産評定等の作成

て，税務上の処理が異なります。税務上の処理にひっぱられる感じで，会計上も仕訳し資産計上されるか否かが決まります。

下記の前提条件：契約者＝法人，被保険者＝従業員本人or役員

	保険金受取人		税務上の処理	
	死亡時	満期時	主契約保険料	特約部分
養老	法人	法人	資産計上	損金
	本人の遺族	本人	損金	損金
	本人の遺族	法人	1/2資産　1/2損金	損金
終身	法人		資産計上	損金
	本人の遺族		損金	損金
定期	法人		損金	損金
	本人の遺族		損金	損金
定期（長期）	法人		＊A	損金
	本人の遺族		＊A	損金

※逓増

＊A	保険期間の最初の6/10期間	1/2資産　1/2損金
	保険期間の残りの4/10期間	保険料の全額を損金算入。さらにそれまでに資産計上した前払保険料を残りの期間の経過に応じて均等に取り崩して損金算入

　財産評定書上は，保険積立金は，解約返戻金の情報を入手して評価替えします。解約返戻金とは，今解約したらいくら返戻されるのかの金額です。掛金の額≠解約返戻金なので，生命保険契約を締結した会社に問い合わせ，解約返戻金の金額を通知してもらい（書面の方が望ましい）当該金額をもって評価額とします。

- ゴルフ会員権

　ゴルフ会員権の相場はゴルフ会員権業者のインターネットHPで調べることができます。なるべく買い希望，売り希望の件数が多い業者つまり売買事例が多い業者が望ましいです。評価額としては，ゴルフ会員権は会員権相場の買値

と売値の間の合理的な価格でもよいですが，買値で評価するのが適当です。売り希望はあくまで売手の希望価格に過ぎず，買い希望価格の方が売却可能価額として実現可能性が高いからです。他にも有料ですが，ゴルフ会員権の査定会社もあり，評価額を算出してくれます。会員権によっては，名変停止（名義変更を受け付けておらず，事実上売買できない）ものがあり売るに売れないケースが多いのです。名変停止の場合，ゼロ評価するのが適当です。

- **差入保証金**

差入保証金は，店舗等不動産を賃借している場合に，賃貸人に対して差し入れている保証金です。差入保証金は退去時に，通常，原状回復費用や未精算の賃料と精算（相殺）して残額が返金されます。ただし，関西地方では敷引といって，契約書上，保証金の一部を返還しない習慣があり，それが契約書上明記されている場合もあります。契約書を注意してチェックする必要があります。財産評定書上，原状回復費用等相殺される分を合理的に見積もって，保証金のうち回収されると予測される金額を算出する必要があります。

差し入れた会社がすでに財政状態が悪化している場合には，差入保証金の回収が見込めない可能性があります。そのため，差入先の財政状態をはじめとする資力を考慮する必要があります。特に，申立人の関連会社が差入先となっている場合，一層の注意が必要となります。

- **長期前払費用**

長期前払費用には税務上資産計上が認められている繰延資産や，金融機関からの融資を受けた際に発生するアレンジメントフィーといった借入事務手数料等，また，1年以上の費用を一括で支払った場合の費用のうち1年以上先の費用相当分が計上されています。税務上の繰延資産の多くは，費用を将来発現するであろう効果（＝収益）と対応させるために，費用を繰り延べたもののため資産性はないです。財産評定書上は清算価値を前提とするので，資産性の有無を契約書等に基づいてよく吟味する必要があります。たとえば，借入事務手数料は支払手数料（実質的には利息の一部とも考えられる）であるため，ゼロ評価が適切だと思われます。

第8章　財産評定等の作成

有価証券の参考データ

(単位：千円)

銘　柄	株数/出資口数	H22/5残高	清算価値	H22/5時価	評価損益
計					

(SO：勘定内訳，日経新聞株価欄)
(＊A)：平成22年5月31日の株価終値

【Know How】

【投資有価証券，子会社株式】
- 有価証券台帳と総勘定元帳の整合性CHECK
- 現物確認，保護預けしている現物は保管先に照会
- 時価のある有価証券（上場株式等）は，基準日の時価が財産評定価額
- 時価のない有価証券は，純資産法等で評価

【貸付金】
- 貸付金台帳と総勘定元帳の整合性CHECK
- 条件通り回収されているかのCHECK
- 担保の有無
- 貸付先の資力の検討

【保険積立金】
- 補助簿と総勘定元帳の整合性CHECK
- 保険会社に解約返戻金額を問い合わせ，解約返戻金額をもって財産評定価額

【ゴルフ会員権】
- 補助簿と総勘定元帳の整合性CHECK
- インターネットでのゴルフ会員権業者による相場価格をCHECK

【差入保証金】
- 補助簿と総勘定元帳の整合性CHECK
- 原状回復費用や未精算の賃料と精算（相殺）して残額をもって財産評定価額
- 差入会社の資力を考慮
- 契約書上，敷引部分ないかCHECK

【長期前払費用】
- 補助簿と総勘定元帳の整合性CHECK
- 毎期，計画規則的に償却されたかを計算CHECK
- 契約内容を確認して，解除・解約に伴い回収が見込まれるものがあるかCHECK

⑥ その他資産

その他資産には，仮払金，未収入金，前払費用などがあります。

仮払金は仮払金が何に使われたのか（使途）に注目する必要があります。多くは経費の仮払が精算されていないものですが，資産の取得に使われたものや，使われずに現金として残っているものもあるからです。中には，社長の住宅ローンを仮払（立替）していたり，カジノで使ってしまった（昨今新聞紙上を賑わせていましたが），中国に現地法人を作ったが仮払のままにしている，愛人に貢いだなど，信じがたい状況の会社もあるのです。経営が傾く原因の1つに，コンプライアンスが欠如していることがあります。

未収入金には，営業活動以外の債権，たとえば，滞留している貸付金の利息

や不正をして解雇された従業員に対する請求権等があります。前述したように，コンプライアンスが機能していないため，従業員も隙をついて不正をしている会社もあります。不正が発覚した際に，会社の被った損害を損害賠償請求権として資産計上している場合があります。債権回収可能性を検討して評価する必要があります。

【Know How】
【その他資産】
- 補助簿と総勘定元帳の整合性CHECK
- 処分可能価額の有無を契約内容，管理簿の摘要内容，現物より評価
- 費用の前払や立替，仮払に過ぎないものは資産性なしとして，ゼロ評価

⑦ 仕入債務

仕入債務とは，支払手形，買掛金を総括した呼称です。事業を行う上で仕入れた原材料や商品を購入した際の支払方法，手形を振り出したのか？ 掛けの決済としたのか？ によって，支払手形勘定になるか，買掛金勘定になるか異なります。

仕入債務は業務活動で生じる負債ですので，金額や伝票，請求書の量は膨大になりがちです。そこで，申立書作成上は，簿外負債がないかどうか，すべての支払義務が網羅され，負債として計上されているか『負債の網羅性』がポイントとなります。

特に，20日〆や25日〆の会社の場合は，〆日までの金額ではなく，開始決定日時点の負債をすべて計上しておく必要があります。決算の〆の早い会社の場合は，決算の〆に間に合わなかった請求分も織り込む必要があります。

申立をして今後の再生を目指す上でも，負債の網羅性を毎月末のペースで把握しておく必要があります。

【Know How】
【仕入債務】
- 補助簿と総勘定元帳の整合性CHECK
- カットオフエラー（計上漏れ）がないか
- 仮価格のものは実際取引価格に修正

⑧ その他負債

・未払費用，未払金

未払費用と未払金は会計理論上や企業会計原則に従うと，結構煩雑です。実務的には，費用の未払を未払費用，資産の取得未払を未払金に分類することが多いです。

一例ですが，

未払費用……オフィスの家賃，正社員，アルバイトといった人件費，業務委託料や消耗品を買った際の経費の未払額。

未 払 金……機械や備品といった固定資産の未払額，株式や社債といった有価証券の未払額。

というくくり方が考えられます。

未払費用には，たとえば，給与関連の簿外負債があります。支給対象期間が前月の16日から当月15日であった場合，財産評定書上，前月16日から基準日までの未払賃金を算定して負債計上する必要があります。

固定資産税や社会保険料も滞納していても，負債に計上していない場合もあるのでいつから滞納しているのか，時期及び金額を把握して計上することが必要です。

【Know How】
【その他負債】
- 補助簿と総勘定元帳の整合性CHECK
- 漏れはないか，契約書や補助簿の摘要欄CHECK

や不正をして解雇された従業員に対する請求権等があります。前述したように，コンプライアンスが機能していないため，従業員も隙をついて不正をしている会社もあります。不正が発覚した際に，会社の被った損害を損害賠償請求権として資産計上している場合があります。債権回収可能性を検討して評価する必要があります。

【Know How】
【その他資産】
- 補助簿と総勘定元帳の整合性CHECK
- 処分可能価額の有無を契約内容，管理簿の摘要内容，現物より評価
- 費用の前払や立替，仮払に過ぎないものは資産性なしとして，ゼロ評価

⑦ 仕入債務

仕入債務とは，支払手形，買掛金を総括した呼称です。事業を行う上で仕入れた原材料や商品を購入した際の支払方法，手形を振り出したのか？ 掛けの決済としたのか？ によって，支払手形勘定になるか，買掛金勘定になるか異なります。

仕入債務は業務活動で生じる負債ですので，金額や伝票，請求書の量は膨大になりがちです。そこで，申立書作成上は，簿外負債がないかどうか，すべての支払義務が網羅され，負債として計上されているか『負債の網羅性』がポイントとなります。

特に，20日〆や25日〆の会社の場合は，〆日までの金額ではなく，開始決定日時点の負債をすべて計上しておく必要があります。決算の〆の早い会社の場合は，決算の〆に間に合わなかった請求分も織り込む必要があります。

申立をして今後の再生を目指す上でも，負債の網羅性を毎月末のペースで把握しておく必要があります。

【Know How】
【仕入債務】
- 補助簿と総勘定元帳の整合性CHECK
- カットオフエラー（計上漏れ）がないか
- 仮価格のものは実際取引価格に修正

⑧　その他負債
・未払費用，未払金

　未払費用と未払金は会計理論上や企業会計原則に従うと，結構煩雑です。実務的には，費用の未払を未払費用，資産の取得未払を未払金に分類することが多いです。

　一例ですが，

　　未払費用……オフィスの家賃，正社員，アルバイトといった人件費，業務委託料や消耗品を買った際の経費の未払額。

　　未　払　金……機械や備品といった固定資産の未払額，株式や社債といった有価証券の未払額。

というくくり方が考えられます。

　未払費用には，たとえば，給与関連の簿外負債があります。支給対象期間が前月の16日から当月15日であった場合，財産評定書上，前月16日から基準日までの未払賃金を算定して負債計上する必要があります。

　固定資産税や社会保険料も滞納していても，負債に計上していない場合もあるのでいつから滞納しているのか，時期及び金額を把握して計上することが必要です。

【Know How】
【その他負債】
- 補助簿と総勘定元帳の整合性CHECK
- 漏れはないか，契約書や補助簿の摘要欄CHECK

- 社会保険等をある時点から納めておらず、そもそも計上していないかCHECK

⑨ 金融負債

金融債務は金融機関からの借入金，親族をはじめとする個人等からの借入金，社債が該当します。

【Know How】

【金融負債】
- 借入台帳と総勘定元帳の整合性CHECK
- 金銭消費貸借契約書，返済予定表により支払遅延の有無，担保提供の有無を確認
- 未払規則，延滞利息の有無を確認
- 金融機関より残高証明書を取り寄せ，基準日時点の残高を確認

【負債全般】
- 分類された債権ごとに弁済される順序が異なるため，負債は，ⅰ優先債権　ⅱ別除権予定額　ⅲ一般債権（一般債権及び別除権予定不足額）に分類が必要

⑩ その他

その他としては，デリバティブ取引，関係会社の財政状態及び経営成績，訴訟リスクに基づく負債計上の要否，保証債務有無等があります。

これらは内容によっては債権届出がなされていなくても追加の負債計上の必要性が出てくる項目です。

【Know How】
【その他】
- 税金は，基準日現在時点の申告予定額を計算
- 上記税金には，法人税，消費税，源泉税，事業税，固定資産税，地方税等がある
- 本税以外に，延滞税や延滞金の有無を確認
- デリバティブ取引は債権届出により時価データを入手し，含み損や解約違約金相当額を負債計上

⑪ 清算価値を算出する上での考慮点

　財産評定書に記載する金額＝清算価値は，仮に会社を清算した場合，一般債権者に対する配当原資はいくらあるのか，配当率は何パーセントなのか？の判断となるものです。経済合理的な思考を有する債権者は，今，会社をつぶしていくばくかの配当を受けるか，それとも民事再生の再生計画案に同意して，一部債権放棄して事業を存続させ，事業から得られる利益から債権放棄後の債権を回収するかを判断します。そのためには，清算価値の資料と今後の事業計画が必要となります。

　要は，民事再生で生きながらえさせて回収できる見込みの高い金額と，とっとと清算させて確実に回収が見込める金額を対比します。当然，前者はあくまで『今後』の『計画』に基づくため，不確定要素がつきまといます。

　つまり，事業計画はあくまで計画であり，絵にかいた餅になっていないか，債権者は自己の判断で分析する必要があるといいます。

　清算価値が出たところで，一般債権に対する配当率を算出します。

　具体的には（次ページ参照表），配当原資となる清算価値から，担保による回収分，相殺にできる分を控除して④を算出します。④から一般債権より優先される⑤租税債務，⑥労働債権，⑦清算費用を控除して⑧を算出します。⑧を一般債権で割り返した率が一般債権に対する配当率となります。配当率は限りなくゼロに近づくこともあれば，マイナスになることもあります。

第8章 財産評定等の作成

内容		金額
①	配当原資	
②	担保	
③	相殺	
④	小計（④＝①－②－③）	
⑤	租税債務	
⑥	労働債務	
⑦	清算費用	
⑧	差引（⑧＝④－⑤－⑥－⑦）	
⑨	一般債権	
配当率（＝⑧／⑨）		

2　125条報告書

1　報告書の意義

　再生債務者は，再生手続開始後，遅滞なく，125条報告書なる書面を出さなければなりません。これは債権者あるいは裁判所（監督委員）に対し，再生債務者の過去の状況を明らかにし，将来の再生計画案に対する賛否の前提となる情報を提供することになります。

2　記載すべき内容

　事業には浮き沈みがあり，一概に，いつから業績が悪化していったかは明確にはしづらい場合もあります。過去の決算書，特に，損益計算書やキャッシュフロー計算書（資金収支計算書や資金繰りを管理している資料）をひも解くことも有益です。ただし，損益計算書を粉飾していないことが前提となります。資金繰りを管理している資料の方が，『お金は嘘をつかない』のでわかりやすいかと思われます。

　一般に，大まかには，以下のような経過を経て民事再生手続の申立に至るケースが多いです。

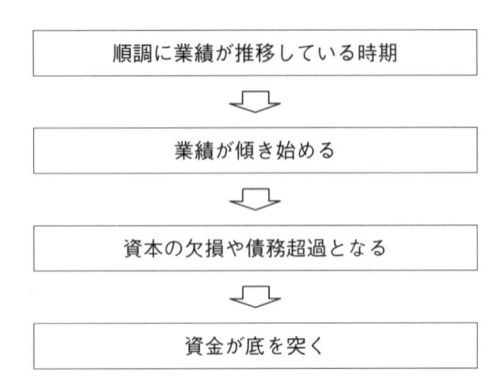

```
┌─────────────────────────┐
│  順調に業績が推移している時期  │
└─────────────────────────┘
             ⇩
┌─────────────────────────┐
│     業績が傾き始める        │
└─────────────────────────┘
             ⇩
┌─────────────────────────┐
│  資本の欠損や債務超過となる    │
└─────────────────────────┘
             ⇩
┌─────────────────────────┐
│     資金が底を突く          │
└─────────────────────────┘
```

　ただし，これでは足りず，申立人ごとの個々の事情を記載していくことが必要となります。
　つまり，直接的な原因は，資金ショートにより支払の決済ができなかったことになります。
　そうなるに至った経緯を記載することが必要となります。

コラム：過去から現在につながっている！

　過去の事例としては，以下のようなものがありました。

a　申立人の属する業界自体が大幅な景気低迷に陥ったケース【販売不振/売上の減少】

　申立人の属する業界自体が大幅な低迷に陥り，申立人もご多分に漏れず，売上高が大幅に減少しました。結果，売上原価や販売費及び一般管理費が売上自体を超過して営業赤字となりました。上場企業のように体力のある会社（過去に蓄積した剰余金や手許キャッシュがある程度潤沢にある会社）ではないので，資金繰りに耐えきれず申立しました。
　特に中小規模の会社は，景気の変動の煽りを最も受けやすく，景気が回

復するまで我慢できるだけの財務体力もないのが実情です。

　申立人だけでなく，申立人の属する業界の有価証券報告書や業界専門誌等を入手して，業界の現状や動向について知識を身につけ，他社も同じような状況にあることを説明することも有用と考えます。

売上高

(単位：百万円)

会社名	H19/3期	H20/3期	H21/3期
A社	70,000	60,000	50,000
B社	40,000	42,000	30,000
C社	25,000	22,000	20,000

(SO：有価証券報告書)

経常利益

(単位：百万円)

会社名	H19/3期	H20/3期	H21/3期
A社	2,000	1,800	600
B社	3,000	2,000	△200
C社	900	900	△900

(SO：有価証券報告書)

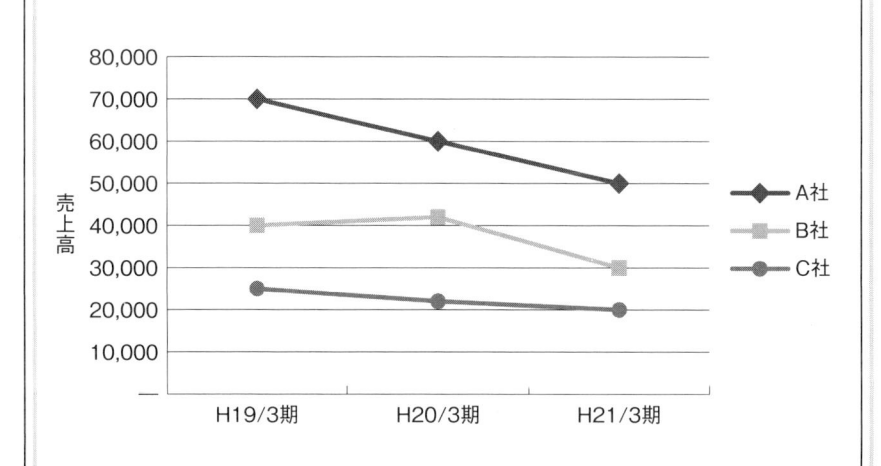

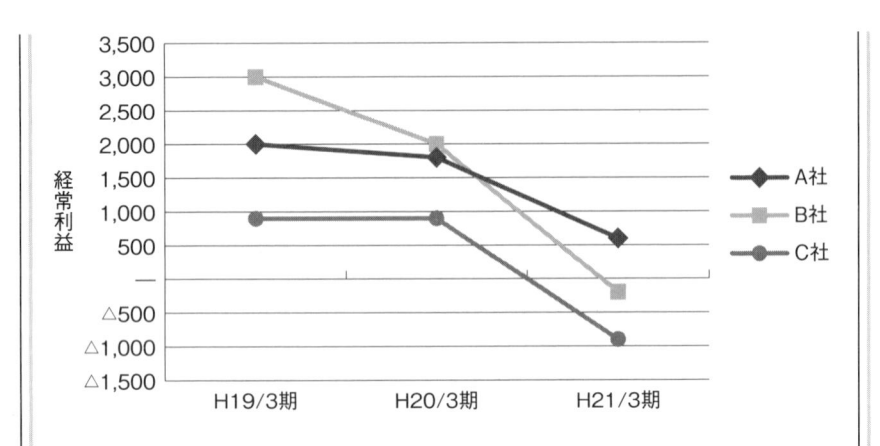

[グラフ: 経常利益 A社・B社・C社 H19/3期～H21/3期]

b 不良在庫の増加

上記aにも関係しますが,売上高の大幅減少は商品や製品といった在庫を増加させていきます。売れない在庫がたまっていきますと,いわゆる不良在庫となります。つまり,在庫を仕入れる際に投下した資金が回収過程に入る前にストップしてしまいます。会社にとって資金は血液と同じで負債が増加して資金繰りを悪化することも窮境原因となります。在庫の製造もしくは商品の仕入に費やした資金が回収されずに,棚卸資産勘定に滞留してしまうからです。スロームービング在庫(在庫回転期間が大幅に長い在庫)となり資金化が遅くなるならまだしも,不動在庫に関しては売れないため投下資金を回収できないばかりか,保管料といった管理コストもかかるので企業の財務体質を悪化させます。経営者の行き当たりばったりの生産や将来需要予測の見込みの甘さが招いた結果が不良在庫なのです。

c 材料価格の継続的かつ大幅な高騰【売上原価の増加】

売上高自体は大幅な下落はないものの,売上原価を構成する原材料の価格が継続的に高騰している場合,これが資金繰りを悪化させ,窮境原因になります。たとえば,食品産業であれば小麦,製鉄業であれば鉄鋼石やプラスチック製品加工業であればプラスチック原料といった製造に不可欠な原材料の価格が高騰した場合,窮境原因となり得ます。原材料の高騰を販

売価格に転嫁できればいいのですが，販売価格に転嫁した場合，得意先の同意が得られず需要が落ち込む可能性が高いため，なかなかしづらいところです。

　無駄をより一層削減するという着眼点から，原材料価格の高騰を徹底した工程管理や歩留の減少等といった品質管理を行うことで原材料価格の高騰分を吸収しようと努力しますが，それにも限界があります。原材料の単価推移と販売価格推移をマトリックスにした表にするとわかりやすいと思われます。

材料単価推移

（単位：円/㌔）

		H16/3期	H17/3期	H18/3期	H19/3期	H20/3期	H21/3期
A材料	主原料	190	245	245	265	280	335
B材料	主原料	340	390	390	430	470	495
C材料	副原料	200	235	245	275	270	300
D材料	添加材	170	205	225	260	267	310

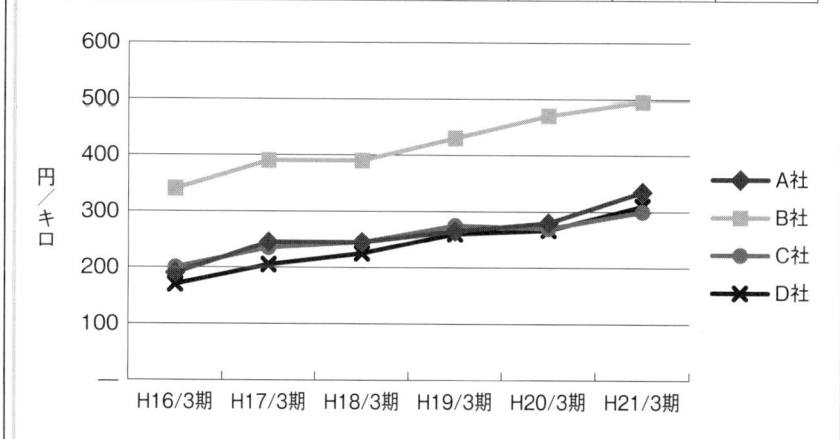

d　過去における過度の設備投資負担【固定資産未払金の返済，減価償却費の増加，固定資産税の納付額の増加】

　バブル期や景気が上向きの頃には，金融機関からの融資がおりやすかっ

ため，積極的に設備投資を推し進めることが可能でした。中には，必要以上に設備投資をする事業者もいました。過剰な設備投資の資金源を借入で賄った場合，後述します借入金の利息つまり金利負担が大きくのしかかります。固定資産税の負担もキャッシュアウト（資金の流出）を伴うため，負担となります。減価償却費はキャッシュアウトを伴いませんが，製造原価又は販売費及び一般管理費として計上され，営業利益を圧迫します。税務上，減価償却を止めることもできるため，民事再生を申請しようとしている多くの企業が減価償却を止めて，つまり，本来あるべき費用の計上を先送りして，少しでも損益計算書をよく見せようとしています。125条報告書では，当然に過去に遡って減価償却をし直します。あるべき減価償却費を計上した場合の損益計算書，及び貸借対照表を報告することになります。

　過去の設備投資実績特に，大規模設備投資の内容とその後の利益の相関図を作成するとわかりやすいと思われます。

設備投資推移

（単位：千円）

会計年度	設備投資額	年間償却費	営業利益
H20/3期	8,000	7,000	1,150
H21/3期	76,000	14,000	400
H22/3期	9,000	46,800	△38,000
H23/3期	24,000	53,500	△46,000
H24/3期	200	50,200	△49,000

e　海外展開の失敗

　日本国内では人件費が高いため，海外とくにアジアの同業他社との価格競争上不利となります。そこで経営者の中には，安価で大量の労働力を求めて生産拠点をアジア地域に移転【生産拠点の移転】，あるいは，海外での新規市場獲得のために海外展開を図る人【新規市場開拓】も少なくありません。新聞をはじめとするメディアで話題となっていて，では『我々

も』と安易に移転した場合，海外事情に精通していないため，取り返しのつかないしっぺ返しが待っています。アジア地域は労働に対する民族性や宗教上の理由により，労働時間が制限されることもままあります。また，中国市場は日本をはじめとする海外出資に対して規制等が厳しく，資金の移動あるいは撤退等にも大きな制約が課されています。安易な海外展開が窮境の原因となることが多いです。

f 不動産，有価証券等，デリバティブ取引といった財テクの失敗【本業に関係のないことが原因による大幅な含み損】

ｄと同様に，バブル期や景気動向が上向きの頃には，金融機関からの融資がおりやすかったため，事業主は新規事業や財テクに手を出しがちでした。ｄの設備投資は本業に対する投資であるのに対して，ｈは本業とかけ離れた財テク，いわゆるマネーゲームに投下した資金が回収不能となるケースです。特にバブル期に首都圏のワンルームマンションや更地で今後開発が見込まれる土地が不動産登記の対象となりました。バブル崩壊後の大幅な地価の下落に伴い時価が下落し，売るにも売れない状況に陥り，多額の含み損を抱えたまま保有しているケースが窮境原因となります。

g オーナーによるトップダウン経営がもたらした公私混同【ワンマン経営の暴走】

オーナーによるトップダウンの経営は，他の取締役会や監査役といった会社の機関の意見を聞かずに，オーナーである代表取締役が暴走する経営スタイルがよく見受けられます。好景気時には大きく飛躍することもある反面，不況期には，過去の成功体験にとらわれるあまり『わしはあの時，こうして成功を収めたのじゃ。おまえらに何がわかるのかっ。』と，周囲の意見を全く意に介さずに経営を推し進め，事業をミスリードして窮境に陥ることがあります。また，会社は代表である自分のものと勘違いしているため（コンプライアンスの欠如），個人的な経費を会社に負わせたり，会社の資金で取得した資産を個人で使用するなどして，会社の財産的基礎を害します。

更に、単なる血のつながりを重視して、経営能力に乏しい同族者を経営陣に配置しているケースも多く、経済的合理性からかけ離れた経営が行われることもあります。窮境に陥る多くの企業において、ガバナンス（企業統治）が機能しなかったりコンプライアンスが欠如していることが多いです。

h　過大な他人資本（借入）の金利負担【支払利息等の増大】

　借入資金を在庫や設備、あるいは財テクに投資したものの、投下資本を上回る回収が行われない場合、借入資金の金利負担は企業の財政状態を圧迫します。窮境に陥った企業の多くが、営業利益（多くの企業が営業赤字であるが）を上回る支払利息が計上されています。元本の返済どころかキャッシュアウトを伴う金利負担に耐えきれず、元利共に返済できない状況に陥ります。

　利息に対する支払負担能力の指標に、インタレスト・カバレッジ・レシオがあります。インタレスト・カバレッジ・レシオの算定式は以下のとおりです。

インタレスト・カバレッジ・レシオ
　　　　　　　＝事業利益（営業利益＋受取利息＋受取配当金）÷支払利息

インタレスト・カバレッジ・レシオ

（単位：千円）

		H17/3期	H18/3期	H19/3期	H20/3期	H21/3期
a	修正後営業利益	18,000	8,600	2,000	△2,100	△5,000
b	受取利息	400	50	50	20	10
c	受取配当金	200	200	150	100	50
d=a+b+c	事業利益	18,600	8,850	2,200	△1,980	△4,940
e	支払利息	16,000	17,000	16,000	15,000	15,000 *A
f=d/e	インタレスト・カバレッジ・レシオ	1.16	0.52	0.14	△0.13	△0.33

＊A）：H21/3期の支払利息には延滞利息分は含まれていません。
延滞利息を加味した場合、インタレスト・カバレッジ・レシオはさらにマイナスになります。

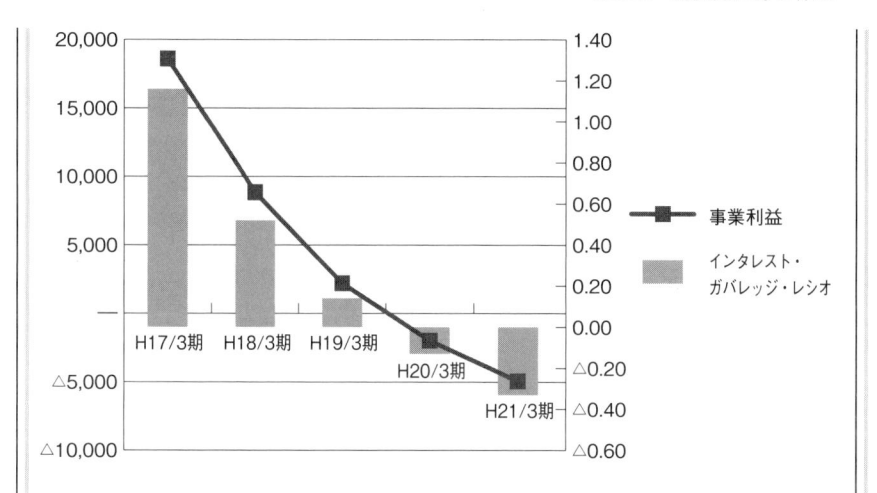

20,000					1.40
15,000					1.20
					1.00
10,000					0.80
5,000					0.60
					0.40
—					0.20
△5,000	H17/3期	H18/3期	H19/3期	H20/3期	0.00
△10,000				H21/3期	△0.20
					△0.40
					△0.60

凡例：事業利益、インタレスト・ガバレッジ・レシオ

　インタレスト・カバレッジ・レシオが1を下回る場合は，借入の元本を返済する原資がないどころか，利息の支払すら行えないことを示しています。

　上述しました窮境原因に対して，いかなる対応を実施したか，そして対応策を実施したけれども，窮境原因を除去できるほどの成果が上がらなかった原因も併せて記載することになります。

　対応策としては，①余剰資産の処分，②コスト削減とくに，役員報酬の削減，③リストラがあげられます。

　窮境原因を除去できるほどの成果が上がらなかった原因は，結果的には，借入返済の資金を生み出せなかったことを記載することになります。

3　再生債務者の業務及び財産に関する経過及び現状

　再生債務者の業務及び財産に関する経過及び現状は，裁判所や監督委員が今後の再生手続の展開を予測し，適正に監督するための基礎情報を提供すること

になります。

　具体的には申立後の状況として，債権者説明会開催の状況，取引継続の状況，申立後の損益の状況等を記載することになります。また，開始決定日以降の状況で財政状態や損益計算に重大な影響を与える事実が発覚した場合，その内容及び影響額を記載します。

第9章 別除権者との交渉
CHAPTER 9

1 別除権とは

　再生手続開始の時点で，再生債務者の所有する財産上に設定された担保権（動産売買の先取特権，質権，抵当権，商事留置権等）は，民事再生法上，別除権として扱われます（法53条1項）。

　たとえば，金融機関が会社所有の工場に（根）抵当権を有している場合に，当該会社について民事再生が開始されると，当該（根）抵当権は，別除権として扱われることになります。

　別除権は，再生手続によらないで行使することができます（法53条2項）ので，再生計画に拘束されることなく権利を行使（典型的には競売申立）して債権を回収することが可能です。

　もっとも，再生債務者としては，主要な資産（工場や主要営業所）が別除権の行使によって失われることとなっては，以後の事業再生に重大な支障が生じかねず，別除権がどのように取り扱われるかは死活問題です。

　他方，別除権付再生債権を有する債権者（別除権者）としては，多くの場合，別除権付債権の残高＞別除権目的物の価値となっていることと思われます。そうすると，別除権部分でカバーされない再生債権をどう扱うかという問題が生じます。

そこで，民事再生手続を進めるにあたっては，別除権をどのように扱うかを確定させることが必要となります。

ちなみに，会社が使用している不動産の担保提供の状況を下表のとおり整理しておくと別除権者ごとの利益状況が簡単に把握できて便利です。

| 内容 | 種類 | 所在 | 家屋番号 | 地番 | 地積(m^2) | 簿価 | 評価額 | 特定価格 |
				用途	床面積(m^2)	(千円)	(千円)	(千円)
第1工場	土地							
	建物							
第2工場	土地							
	建物							
不動産合計	土地							
	建物							
	計							

					債権者	A銀行	B公庫	C信金	A銀行				
					債務者								
					種類								
					極度額/残債務								
					共担番号					担保による保全残高			
内容	種類	所在	家屋番号	地番	地積(m^2)	順位	配当額	順位	配当額	順位	配当額	順位	配当額	A銀行	B公庫	C信金	合計
				用途	床面積(m^2)												
第1工場	土地																
	建物																
第2工場	土地																
	建物																
不動産合計	土地																
	建物																
	計																

2 別除権不足額の確定方法

別除権者は，別除権付債権のうち，別除権の行使によって弁済を受けることができない債権の部分（別除権不足額）についてのみ再生手続で権利を行使する

ことができます(法88条)。

別除権者が,再生計画に基づき,別除権不足額部分の回収を行うためには,別除権不足額を確定することが必要となります[1]。

別除権不足額が確定する場合として,以下では,保有継続を希望(別除権協定を締結)する場合と任意売却を行う場合を取り上げます[2]。

1 保有継続を希望する場合

a 別除権協定とは

継続保有を希望する場合は,別除権協定(受戻し弁済協定)を締結することになります。

別除権協定とは,再生債務者と別除権付債権者との間での取決めです。

通常は,①別除権評価額の確定,②再生債務者は,別除権者に対して別除権付債権のうち別除権評価額部分の金銭を支払う,③別除権不足額の確定,④別除権者は,②の支払を受ける間は別除権の行使を控え,再生債務者が②の支払を終えたときは,別除権者は担保権の抹消に応じる,といった事項(別除権の受戻し条件)を定めることになります。

別除権者が,別除権を保有しているにもかかわらず,競売など別除権を実行することなく,別除権の受戻しに応じるのは次の理由によります。

第一に,通常,担保権が把握している目的物の価値は,オーバーローン状態(被担保債権の残高>早期に処分した場合の評価額)となっています。このような場合,別除権者が競売によって強制回収を図ったとしても,被担保債権の満額の回収は見込めないことになります。しかも,競売手続は費用と時間がかかります。そうとすれば,競売による回収見込額を上回る金額であれば,早期に別除権受戻弁済協定を締結し,支払を得た方が得策と考えることができます。

---

1) もっとも,別除権者は,別除権の不足額が確定しない場合でも,債権者集会では予定不足額をもって議決権を行使することができます。
2) ほかに,担保実行(競売)して配当を受ける場合,担保権消滅請求(法148条)によって担保権が消滅する場合,別除権の放棄を受ける場合があります。

第二に，前述のように，別除権不足額（オーバーローン部分）が確定しないと，再生計画に基づく返済を受けられません。第三に，別除権協定を締結することで，会社は事業の存続が可能となり，再生計画等の遂行が可能となります。再生計画に賛同することを考える金融機関は協定締結に応じてくれやすいでしょう。

　そこで，別除権評価額の点について，当事者間で折り合いがつく（優先弁済を約束される）のであれば，別除権の受戻しに応じる実益が認められるわけです。

　再生債務者からすれば，別除権者との間で，別除権不行使の合意を得ることができれば，事業の存続可能性，ひいては事業再生の実現可能性にとって大変重要な意義を有することはいうまでもありません。

　なお，別除権の目的物の処理は，再生手続の成否，進行に大きな影響がある事項であるため，その処理にあたっては監督委員が関与することとされております（法54条1項，法41条1項9号）。そのため，監督委員と適宜，情報提供，意見交換をして，円滑に手続を進めることができるよう配慮する必要があります。

b　不動産担保権者との交渉

　まず，不動産担保権者（通常はメインバンクをはじめとする金融機関）との間では早期に面談を行い，今後の方針等説明をして理解を求める必要があります。

　事業継続に不可欠な物件について別除権協定の締結を求める場合には，早い段階でその旨を打診するべきです。

c　具体的な手順

　継続利用を希望する別除権対象不動産を有する場合は，民事再生の手続申立て前か申立ての直後に，不動産鑑定士に不動産鑑定（不動産評価額の算定）の依頼をします。鑑定結果が報告されるまでは，1カ月程度かかります。

　不動産鑑定士には，民事再生手続開始決定時を基準日として，不動産の正常価格（＝時価に近い）と早期処分価格（＝時価の60～70％程度のことが多い）の算定を依頼することになります。

　不動産鑑定ができましたら担保権者との交渉がスタートしますが，早期処分価格が交渉の出発点となります。

もちろん現実には，別除権者サイドの評価額と，再生債務者サイドの評価額とが大きく食い違っており，金額面で大きな開きがあるということもまま見受けられます。

　それでも**安易に不動産鑑定の正常価格を大きく上回る金額で妥協してはいけません**。早期処分価格以上で応じるとしても，正常価格以下の金額で協定締結を目指すべきです。なぜなら，収益弁済型の再生計画案（別除権部分および再生債権者への返済を長期分割弁済で行う計画案）を立案する場合には，別除権部分への返済額が多くなってしまうと，**他の再生債権者に対する返済額**がその分どうしても**減ってしまう**ことになるからです。他の再生債権者の利益を害しますので，不動産鑑定の正常価格を上回るような金額であれば，**監督委員の同意も得ることができない**ケースも多いと思われます。

【Know How】

　別除権を有しているのは一般的にメインバンクなどの金融機関です。民事再生の場合には，債権額の多いメインバンクなど金融機関の意向のみで再生計画を通すことはできないのです。頭数要件として過半数の再生債権者の同意を得ることも必要だからです。不動産担保権者には，他の再生債権者の理解が得られなくなること，監督委員の同意も得られなくなることを説明し，早期処分価格に近い金額で応諾するよう粘り強く説得する必要があります。

　理論的に考えても，民事再生の財産評定の資産の評価は早期処分価格で行うこととなっておりますので，同じ評価を取ることが整合的といえます。また，協定締結ができない場合には，別除権者は，担保権を実行することになりますが，その場合には競売による回収しかできないわけですから，現実の落札の可能性等を踏まえて，交渉すべきです。

　ちなみに，再生債権の支払は10年以内が原則という縛りがありますが，別除権受戻協定による返済期間には特段の縛りはありません。返済期間を長期に

して，毎年の返済額を小さくする工夫をすることもあります。

現実的には不動産鑑定の早期処分価格と正常価格の間で解決が図れるケースが多いと思います。

2　不動産を任意売却する場合

将来的に不動産を売却する予定であれば，不動産鑑定を行うなどによって別除権評価額を算出し，担保権者の理解を得られる金額にて売却していきます（いわゆる任意売却）。担保割れしている不動産であっても，再生債務者主導で不動産を売却し，一定の金額（一般的には3％～10％）を再生協力金という名目で組み入れることに同意してもらうことにより，将来の弁済原資を確保します。任意売却時には，売却代金から被担保債権の返済を行うことと引換えに担保抹消を行いますので，その結果として，別除権不足額が確定することになります。

任意売却においては，担保権者をはじめ，複数の信頼しうる不動産業者との間で秘密保持契約を締結し，広く買付候補者を募ることが適正な売却手続として重要になります。

なお，不動産の売却はある程度時間がかかることが多く，場合によっては再生手続認可決定確定後となる場合があります。このような場合は，売却まで別除権不足額（すなわち別除権評価額を差し引いた再生債権の額）が定まらないので，別除権付債権者に対する再生債権部分弁済はそれ以外の再生債権の弁済より遅れることになります。

3　リース債権者との交渉

リース債権者も，リース物件を担保とする別除権付再生債権者です。

まず，リース物件を使用しない場合は，リース会社に対し，リース物件の撤去を依頼することになります。引取りの際は立会いをして，リース会社からは受領証をもらい，後々トラブルにならないようにしましょう。

次に，リース物件を民事再生手続後も利用したい場合は，リース会社との間

で残リース価値について折衝する必要があります。自動車など中古品でも市場流通性がある物件は別として，多くのリース物件は処分時の価値はほとんど見込めないものと思われます。そうとすると，リース料残額をリース物件の処分価値と評価する必要はないことになります。リース契約が多数あり，リース債権者が複数存在する場合には，公平の観点からリース物件の評価額を一律に残リース債権額の何割かで評価して取り扱うことも1つです。

　他方，リース債権者が強硬で，リース物件の評価額の切り下げには応じない場合（リース物件を引き上げようとする場合）であっても，約定よりも返済期間を延ばすことは比較的容易に行うことができます。その場合には，残リース料を評価額とする点は妥協し，返済期間をたとえば従前の2倍にするような内容の別除権受戻弁済協定を締結することになります。

コラム：リース物件の評価方法

　リース債権者が多数いる場合，別除権評価額をどのように決めて，リース債権者とどう交渉するかによって，会社の資金繰りに大きな影響が生じることもありますので，十分に検討するべきです。

　リース業者と別除権受戻弁済協定を締結し，リース物件の利用継続を希望する場合には，リース物件ごとに物件の評価額について合意する必要があります。自動車等の客観的評価が分かりやすいものは，中古自動車市場の情報をもとに評価額を確定していきます。

　しかし，客観的な評価が乏しいものは，どのような理屈で別除権評価額を合意するかは色々な考え方があります。

　残リース料があまり多額でない場合には，返済期間を多少延ばす程度の交渉に留め，従前のリース残債務額を評価額とする処理も考えられるのでしょう。

　しかし，残リース料が高額の場合には安易にこのような処理を取っては

いけません。

　リース物件を適切な減価償却をしたと仮定して，評価をすることも考えられますが，適切な減価償却後の価格が適切な処分価値といえるとは限りません。そこで，個別のリース物件ごとに中古品買取業者等に見積りを取らせて，それで交渉することも考えられます。

　ただし，どうしてもこれらの処理のためには，一定の時間が必要になってしまいます。そこで，代理人弁護士の方で，一定の基準を設けて，交渉を行うことも考えられます。当該リース物件の換価が容易なのか困難なのかで，評価額の判断基準を切り分けることも1つの方法です。

　たとえば，「①リース債権者のうち，内装等のリース物件（引き上げ自体が困難で，換価がほぼ不可能なリース物件）については，リース料5％を評価額とする。②コピー機・パソコン・その他精密機械等のリース物件（換価価値が一定程度あるリース物件）については，リース料の30％を評価額とする。」などと定め，全リース債権者に対し，この基準を債権認否のための別除権評価額とする旨を，ファクシミリ等で一斉に通知します。

　基準を定めると公平性を保てますし，定めた基準に応じるリース債権者から先に別除権協定を締結していくことで，なかなか応じてくれないリース債権者に対して「他の債権者は上記基準で納得いただいております。」等応じてもらうための説得材料にもなり得ます。

第10章 再生計画案の策定方法
CHAPTER 10

　いよいよ甲野社長は再生計画案の策定に取り掛かることになりました。そもそも再生計画案とは何か。いつから準備するのか。何を書けばよいのか。再生計画の理解を得るためにどうすればよいのか。岡宮弁護士に相談することになりました。

1　再生計画案とは何か

　再生計画とは，再生債権の権利内容を変更することを定めた計画になります（民事再生法2条3号）。簡単にいうと，多額の債務を軽くすることを定めたり，返済時期等を定めた「弁済計画」とその説明資料ということになります。
　スポンサー型でもない限り，会社は，自ら生み出す収益力でこの弁済計画（再生計画）を立てるほかありません。民事再生手続の債権者は，この再生計画案を見て，この会社が再生できそうか否か，弁済を行うための弁済原資をどのように調達するか（生み出すか），その返済が本当に実行（履行）できるのかを判断するわけです。

2　いつから準備するのか

　東京地方裁判所では，標準スケジュールとして，原則として再生手続開始申

立から2カ月までに再生計画案の草案（ドラフト）を策定することを求め，申立から3カ月を再生計画案の提出期限としております。

しかし，提出期限のギリギリに策定するべきではありません。

民事再生手続を申し立てた会社（再生債務者）が**再生計画の可決を得るためには**，議決権者の過半数の同意（頭数要件）に加え，議決権者の議決権総額の2分の1以上の議決権を有する者の同意（金額要件）の双方を満たす必要があります（法172条の3）ので，債権者の理解を得られる内容であることが必要です。

そこで，早い段階から再生債権者の意見を確認し，どの程度の計画であれば，理解が得られそうか確認を得ておく必要があり，それらの意見を取り入れて，再生計画案を幾度か修正し，策定しなければならないものです。また，税務上の問題も視野に入れて数値計画を策定しなければなりません。

そこで，早い段階，できれば民事再生手続申立後から準備を始めることが望ましいといえます。財産評定が完成するころには**数値計画や弁済原資見込み額**についてはおおむね固めて金融機関などの大口債権者に提案して，理解を得ておくことが望ましいといえます。

3 何を書けばよいのか

再生計画案は，次のような構成で記載することが一般的です。

```
1  再生計画の基本方針
  (1)  再生手続申立に至った経緯
  (2)  事業計画の内容
  (3)  弁済計画
  (4)  破産時配当率との比較
  (5)  別除権の処理
2  再生債権に対する権利変更及び弁済方法
  (1)  確定再生債権及び債権者数
```

>   (2) 権利変更の一般的基準
>   あ　権利の変更
>   い　弁済方法
>   (3) 個別条項
> 3　未確定再生債権に関する条項
> 4　別除権付再生債権に関する条項
> 5　共益債権・一般優先債権の弁済に関する条項

　再生計画案の本文では，再生計画の策定の中でも重要な事業計画（4項），破産時配当との比較（5項），平等原則と関連して少額債権の取扱い（6項），債務免除益（第11章）の問題かと思いますので，これらに焦点を当てて，説明を行うことに致します。

4　事業計画について

1　事業計画策定の手順

　会社が窮境に陥ったのは，「外部環境の変化」や，「内部的問題点」があって，それに対応できなかったからでしょう（過去の分析）。

　ですから，これらの窮境原因（外部的要因・内部的要因）を踏まえて（過去の分析），反省を行い，事業構造を立て直すこと（戦略）が必要になります。戦略を立てるためには，①事業環境（外部環境）を分析すること，②経営資源を分析すること，③経営課題を明確化すること，④改善プログラムを固めることが重要です。

2　窮境原因分析

　窮境に陥った原因は，再生手続申立に至った経緯にも関連しますが，環境や時代の変化に対応できなかったから，投資の失敗等によるものと思います。事業計画は将来の計画ではありますが，過去⇒現在⇒未来とつながるものですし，

同じ轍を踏まないためにも，過去の（失敗の）分析は必要です。

　できることであれば過去3期の損益計算書と貸借対照表の推移を記載し，数字の増減の理由を説明して，失敗の分析をすることが適切です。たとえば，貸借対照表推移では，なぜ在庫が増えているのかとか，土地や借入金が減っているのかなどを説明しましょう。損益計算書推移では，売上減少の数値があるとすれば，店舗閉鎖に伴って幾らの売上が減ったとか，主要取引先の契約が打ち切られたので売上が減ったなど，どうして売上が減少したのか具体的に書きましょう。

3　会社の強みの把握

　次に重要なのは，会社の強みが何かということです。何で稼ぐかといってもよいでしょう。この強みがしっかりしていれば，引き続きお金を稼ぐことができ，ひいては弁済の履行ができる（遂行可能性がある）ことになりますので，債権者の理解も得られやすくなります。

4　損益計画

　以上の改善措置を踏まえての損益計画が事業計画の一番の肝です。

　この**損益計画を立てるのは**，弁護士，公認会計士，コンサルタントの助力を得るとしても，**基本はこの計画を実行する会社（経営者）自身であるべき**です。最低限度，その中身は十分に理解していなければなりません。

　なぜなら，他人が策定したに過ぎないものは，現実離れしていることもあるでしょうし，実際に社長が実行できないのであれば，意味がないからです。経営者自身も，考えに考え抜いて自分の頭で導きだしたものでない計画内容や数値には責任を取れないはずです。ましてや損益計画の中身すら十分にわかっていないというのは，船長が海図を読めないで航海に臨むようなものです。

a　部門別採算

　適切な損益計画を立てるためには部門別採算が必要です。会社は様々な商品・サービスを多様なチャネルを用いて提供しています。そのため，売上高，

第10章 再生計画案の策定方法

原価，販管費を1つにまとめて示すだけでは，損益計画の実現可能性，合理性が相手に伝わりにくくなります。

事業の中には高収益事業と不採算事業がある場合もあります。もしくは高収益な相手方と低収益な相手方という形で取引業者別，店舗別で分けられることもあるでしょう。不採算事業（取引先，店舗）がある場合には，そこからの撤退や改善が必要になる場合もあります。

そこで，**企業全体としての損益計画のほかに「部門ごとの損益計画」を立てることが必要**です。製造業であれば「工場別」「商品別」，卸売業であれば「営業所別」「店舗別」，運送業であれば「車両別」「得意先別」，建設業であれば「建設現場別」といったものが考えられます。

b 売上計画

売上計画については，**売上高の構成要素が数量と単価**であることを意識する必要があります（売上＝数量×単価）。

売上を数量と単価に分解することで，現在の売上減少が起きている要因として，どちらのインパクトがより大きいのかを把握できるのです。それぞれの要因ごとに対応を検討することができれば，**説得力が増します**。具体的には，以下の点に留意して売上計画を策定されるとよいでしょう。

① 数量（客数）について

ほとんどの会社において，売上減少は販売数量（客数）の減少によるところが大きいと思います。だからこそ，数量（客数）の減少を食い止めることが重要なわけですが，どうすれば客数が上がるのか，客単価の減少を食い止めることができるのかは，できれば分解するとよいでしょう。

たとえば，販売数量（客数）は「既存客(販売先)＋新規客(販売先)－離反客(販売先)」や「入店客数×買上率」（小売店の場合）等に分けられます。どこに問題があるのかをきちんと分析をし，改善策を施すと説得的な計画になります。

② 客単価について

客単価は「買上点数×商品単価」等に分けられます。現在のデフレの状

況下では，単に商品単価を上げる戦略は容易ではないでしょう。

③ 民事再生の影響について

通常，民事再生を申し立てた会社は，継続している事業（店舗）についても，申立前の状態に比べれば，販売数量（客数）は低下していることが一般的です。

そこで，数値計画を策定する際には，**過去の実績，特に民事再生申立後の落ち込んだ実績の数値を踏まえて，数字を作成する**ことが必要です。

もちろん民事再生の申立後，一定期間が経過した後であれば，風評被害が収まり，販売数量が戻ると考えるのも合理的ではありますが，特に合理的な理由もないのに過去実績を上回る数値を作ってしまっては，本当に遂行できる数値なのか実現可能性が疑問視されることも多いと思われます。

c　コスト計画の立て方

コスト計画においても，部門別に詳細に示しておく必要があります。会社全体の経費を示すだけでは，おおざっぱ過ぎます。コスト削減の努力のためには，売上高を分けたように，**コストも事業別，商品別等に細かく分けて分析するべき**です。たとえば，小売業で店舗別に計画を策定する場合は，店舗ごとに商品の仕入高を記載することになります。

ちなみに，本部賃料とか役員報酬等全店舗に影響を及ぼすような支出については，本部管理の表を別途作成し，そこに経費を見積もる形で作成してください。

また，製造業であれば，固定費，変動費で分けられるものもあると思います。そのようなものは，固定費，変動費に分けて，計画を策定すると合理的です。

① コスト削減のポイント

いかなる理由で幾ら削減できるのか，具体的に説明することが大事です。ですので，**事業別，商品別に削減額を書く**とよいでしょう。

比較的容易に削減が可能なものとしては，広告宣伝費，販売促進費，接待交際費，役員報酬，生命保険料，火災保険料などでしょう。特に社長の**役員報酬**は，経営状態が苦しい以上，真っ先に落とすべきでしょう（生活

できる水準を下回る必要がないのは当然です)。その他の経費についても，漫然と支出していなかったか，支出に見合う価値があるのか，十分に吟味すべきでしょう。

また，賃借物件で店舗展開している事業については，昨今の賃料相場と比較して，会社の賃料が高くないか検討し，できるだけ賃料減額の交渉を行うべきです。

金融機関を含めて債権者は，民事再生を申し立てた会社が最大限度の努力を尽くしているのか冷静に見ております。可能な限り，努力を示すべきでしょう。

② 人件費削減の注意点

一般に経費削減というと人件費削減を安易に考えがちですが，事業価値の毀損が生じないのか，慎重に判断すべきです。

整理解雇をすれば，その従業員は生活の糧を失ってしまいます。また，会社の技術，ノウハウが失われるかもしれません。特に社長の首を守るために従業員の首を切ると思われてしまうと，従業員のモチベーションは極度に低下してしまうことでしょう。

事業を担っているのは，現場で働く従業員ですので，**従業員のモチベーションがなくなってしまっては，会社の事業価値が大きく低下してしまい，再生どころではなくなります。**

やむなく解雇や賃金減額をする場合でも，当該従業員に対し，十分に説明し，割増退職金制度や成功報酬制度の導入をするなどの配慮もして，納得をしてもらってから，賃金減額等の措置を実施するようにしましょう。

d 行動レベルまで落とし込むことが必要（担当者制）

再生計画本文に書きこむことではありませんが，売上計画やコスト削減計画の具体的施策については，単に合理化後の数字を記載して満足するのではなく，「誰が」「何を」「いつまでに」「どうやって」「どこまで」やるか，各人の具体的行動レベルまで落とし込むことまでできればよいでしょう。

逆にこれが明確でないと進捗状況のチェックや目標をどこまで達成したかと

いう業績評価ができません。削減額が大きいものとか重要な施策については，責任者を決めて目標額を全社一丸となって達成する必要があります。たとえば，次のように決めます。

> ⅱ　在庫削減
> ◆　目標（削減額）
>   ・○○期末の在庫○○千円を○○期には○○千円まで削減する。
>   ・在庫回転率を○○期末の○回転から，○○期末には○回転まで減少。
> ◆　実施ステップ
>   ・ABC分析により，売れ筋商品100点の把握
>   ・在庫発注制度の構築
> ◆　責任者
>   ○○長

5　投資計画及び返済計画の立て方

a　設備投資計画

　設備投資計画については，必要な額を計上する必要があります。民事再生を申し立てるに至った会社は，設備投資が不十分なことが多いです。特に旅館のような「ハコモノ産業」においては，設備投資は非常に重要です。ところが，「設備投資が不十分→顧客満足の低下→売上減少→資金減少→設備投資額の減少」という悪循環に陥っている会社が非常に多いのです。

　それにもかかわらず，損益計画で生み出される予定のキャッシュをすべて返済にまわす計画を立案してしまいますと，上記悪循環を断ち切ることができません。そうすると，売上の下振れが生じかねず，遂行可能性がないと判断されかねません。このような事態に再び陥ることがないように**設備投資計画**についても，合理的な金額を織り込むことが大事です。

第10章　再生計画案の策定方法

　これに対して，一部の金融機関から，異論が出されることがありますが，過去の投資実績，将来の具体的な投資計画の内容，投資の必要性を説明し，理解を得るように努めなければなりません。

b　キャッシュフローの見通し

　損益計画と設備投資計画の推移を策定できれば，おおよそのキャッシュフローの見通しができます。

　具体的には，税引後経常利益に減価償却費を足して，運転資本の増減などを加味し，設備投資予定額を控除すれば，おおよそのフリー・キャッシュフローがわかります。これにより，どの程度の返済ができるかが算定できます。

　このようにして生み出された弁済原資を，①債務免除の対象とならず，随時弁済が求められる共益債権や一般優先債権への弁済，②別除権協定に基づき，別除権者への弁済に割り当て，これらの残りを③再生債権者への弁済として割り当てていくことになります。

　保有継続不動産の別除権受戻弁済協定についての②を忘れることは通常ないと思いますが，リース料や割賦払いの支払も別除権受戻弁済協定に基づいて支払う場合には少額であることから忘れがちなので注意が必要です。また，DIPファイナンスを受けている場合は，その支払についても考慮することを忘れてはいけません。

　この③の再生債権者への弁済についても，手許キャッシュが十分ある会社は別として，そうでなければすべてを弁済にまわすようなあまりにタイトな計画は作り過ぎるべきではありません。なぜなら，民事再生を申し立てた会社は，通常，運転資金等の融資を受けることが困難であり，少しでも現預金が枯渇してしまっては，直ちに倒産という事態になりかねないからです。一部の金融機関から異論が出ても，これらの事情を説明し，**毎年，少しずつでも現預金額が増えていく計画を作るべき**です。

　5項にて記載のとおり，③の再生債権者への弁済は，破産時配当を下回ることがあってはなりません。その他，別除権者や再生債権者の理解を得るべく何度も数字は作り直すことになります。

エクセルで数値を策定する際には，数字のベタ打ち入力をするのではなく，一部の数字を変更したら，自動的に他の数字も変更するように予め策定しておくことが必要です。

5 破産時配当との比較

1 清算価値保障原則とは何か

再生計画によって，再生債権者に支払う金額は，破産時に破産債権者が受け取る額（破産時配当。清算時配当ともいいます）を上回らなければいけません。このことを**清算価値保障原則**といい（民事再生法174条2項4号参照），再生計画案策定の中で最も重要な原則の1つです。

2 破産時配当さえ上回ればよいのか

このように記載すると，破産時配当さえ上回る内容の計画であればよいのかと誤解される方も中にはおられるかもしれません。仮にそうだとすると，破産時配当はほとんど認められないものの，一定の収益力があり，たとえば再生債権の30％は支払できる会社があったとします。それにもかかわらず，わずか2〜3％しか支払わない計画を作り，それで内部留保や役員報酬を過大に受領することも許されることになってしまいます。素朴な感情としてこのようなことは許されてはいけないでしょう。

もちろんこのような計画は，債権者の多くに反対されて否決されることが多いと思われますが，親会社が圧倒的多数の債権者で同意を得られるような事案であったとしても，不当に少ない額しか返済しようとしない計画は，債権者を害することになってしまいますので，「再生債権者の一般の利益」に反するといえますし（民事再生法174条2項4号），再生債務者の誠実義務違反にもなりうると考えられ（民事再生法38条2項），許されないものと考えられます。

再生計画を策定する会社は，堅めに策定した計画でありつつも，最大限度弁済する努力を示して返済計画を立案していくべきです。

第10章　再生計画案の策定方法

3　いつの時点の比較なのか

　破産時配当といっても，いつの時点の破産時配当と比較するかが問題となりますが，**実務上は，民事再生手続開始時点**とされています。すでに行っている財産評定の清算配当額（率）（これが破産配当となります）と比較すればよいわけです。

4　破産時配当との比較でしばしば問題となる点について

a　現在価値への引直し

　10か年の収益弁済の計画を策定する際には，一部の金融機関から，現在価値に割り引くと，清算価値を下回るのではないかという指摘を受けることがあります。

　将来の100円は確実に受け取れるとは限らないですし（リスクがあるわけです。），現在の100円は（利息が確実に5％つくのであれば）1年後は105円なのだから，同じ100円でも現在の100円と1年後の100円は価値が違うだろうという理屈です（現在の100円と1年後の105円が同じ価値だという理屈といってもよいでしょう）。

　この点，民事再生手続においては，現在価値に割り戻すことまでは法的に求められてはおりません。また，業種ごとに事情は様々ですので，何％が適切な割引率なのか正確な指標は存在しないのが実情です。

　しかし，金融機関担当者の方の稟議を通しやすくするように協力することも大事です。5～10％程度で割引計算して，参考資料としてお渡しすることも考えられます。たとえば，毎年一定額を10年間にわたって，支払う計画の場合，割引率6～8％として設定した場合，毎年の返済額×7倍前後が現在価値と計算されますので[1]，この額が破産時配当額（率）を上回っている旨説明することも考えられます。

1）「年金原価係数表」という計算式はインターネット上で閲覧することが可能ですので，これらのデータを活用すれば，簡単に現在価値の計算をすることはできます。

b 弁済率として，元本の○％という条項の問題点

やや細かい議論ですが，従前，再生計画では，「元本の○％を弁済する」という条項が多々見受けられました。

しかしながら，財産評定の清算配当率は，元本の何％として計算されているわけではありません。民事再生手続開始決定時までの利息・遅延損害金の合計額の何％として計算されております。そこで，再生計画の弁済率においても，財産評定と同じく民事再生手続開始決定時までの利息遅延損害金の合計額を弁済額の分母として計算して，この両者と比較すべきです。

民事再生手続開始決定日までの利息及び遅延損害金については，元本と特段区別する必要はないですし，財産評定の清算配当率との比較でも紛らわしいため，元本の何％の免除を受ける旨の条項は不適切です。

「再生債権の元本並びに再生手続開始決定日の前日までの利息及び遅延損害金の合計額の○％を弁済する（免除する）」という条項にすることが必要になります。

6 平等原則（特に少額債権の取扱い）について

再生計画においては，再生債権の免除を求めることになりますが（権利変更），これは再生債権者間で平等でなければなりません（民事再生法155条1項）。これも清算価値保障原則と並び，非常に重要な原則になります。

この平等原則の例外としては，①不利益を受ける再生債権者の同意がある場合，②少額の再生債権について別段の定めをしても衡平を害しない場合，③再生手続開始後の利息及び遅延損害金の請求権について別段の定めをしても衡平を害しない場合，④再生債権者の間に差を設けても衡平を害しない場合の4つです。

このうち，実務上重要なのは②になりますので，これらの条項の説明を中心に行うことに致します。

第10章 再生計画案の策定方法

1 少額の再生債権について

　実務上，再生債権者のうち，少額の債権者の多数は，商取引債権者であり，これらの商取引債権者との取引継続ができることは会社にとっても非常に重要ですので，少額の債権への弁済率を高めることは一般的です。

　法律上も少額の再生債権について別段の定めをすることは許されるので，たとえば10万円以下の部分は全額弁済し，免除を受けないという規定を設けて，少額債権について，異なる取扱いを行うことも許容されています。

a 手続相互間の衡平性への配慮

　再生計画を立案するのは，再生手続の後半になりますので，それより前の段階の少額債権の支払との整合性を取ることも必要です。

　一定金額以下の債務を除外する弁済禁止の保全処分を発令した場合，民事再生法85条5項前段による少額債権弁済の許可をした場合と少額債権の金額面において齟齬が生じないように配慮することが望ましいといえます。

　たとえば，85条5項前段によって，100万円以下の債権者には少額弁済をしたが（たとえば90万円の債権者に全額弁済），再生計画案では10万円までしか保護しないとすると，債権者間の公平性に問題があるとも考えられます。

　そこで，民事再生手続中に少額債権の弁済を行った場合には，再生計画上もその少額債権は免除しない計画を立案することが一般的です。

b 段階的な取扱いについて

　再生債権の金額ごとに段階的に免除率（OR弁済率）を変えることは許容されます。

　たとえば，再生債権の元本並びに再生手続開始決定日の前日までの利息及び遅延損害金の合計額のうち，

　　　10万円以下の部分　　　　　　　免除なし（全額弁済）
　　　10万を超え100万円までの部分　　50％の免除
　　　100万円を超える部分　　　　　　94％の免除

という条項であれば許容されています。

177

他方で,金額ごとではなく債権者ごとに傾斜する条項は許されていません。たとえば以下のような条項の場合には,10万円の債権者は全額弁済を受けられるのに,20万円の債権者は8万円しか弁済を受けられず(12万円が免除),債権額の多い債権者の方が少ない弁済しか受けられない逆転現象が生じてしまい,不合理なためかかる条項を定めることはできません。

10万円以下の債権者	免除なし(全額弁済)
10万円を超えて100万円までの債権者	50％の免除
100万を超える債権者	94％の免除

c 弁済期についても定める

実務上,少額の債権について,長期間での弁済を行うことは振込手数料の負担,債権者管理が煩雑であることから,早期に返済したいという要請が出てくることがあります。

そのような場合には債権の部分ごとに弁済期を変えることができます。

たとえば,「変更後の債権額のうち,10万円までの部分は,再生計画認可決定の確定した日から1か月経過した日の属する月の末日までに支払う。変更後の債権額のうち,10万円を超え,20万円までの部分は5回に分割し,平成24年から平成28年まで各年○月末日限り支払う。変更後の債権額のうち,○万円を超える部分は,10回に分割し,平成24年から平成33年まで各年○月末日限り支払う。」などと定めることは許容されます。

債権者の10万円までの部分について,再生計画認可決定の確定した日から1か月経過した日の属する月の末日までに支払うことになりますので,仮に50社債権者がいる場合には,500万円弱の返済原資が必要なため,かかる条項を設定できるのは,資金繰りに一定の余裕がある会社に限定されることになりますが,少額債権者へ早期に弁済したい事情がある場合には,かかる条項も検討するとよいでしょう。

他方で,「変更後の債権額が10万円未満の債権者は,再生計画認可決定確定後1か月以内に一括して支払う。変更後の債権額が10万以上の債権は,5回に分割して支払う。」というように債権者ごとに異なる弁済期を定めることは,

弁済額の多い債権者の方が弁済時期が遅くなってしまう不利益があり，許容されないものと思われます。

2 代表者等の会社への貸付金等について

　会社の代表者の会社への貸付金については，実質的に出資と同視できるものもありますし，後述の経営責任とも関連し，全額免除を受ける条項を設けることが一般的です。一般的には，代表者の同意書を提出する取扱いとなっています。

　なお，代表者以外の親族等が代表者に頼まれてやむなく貸付をしたような場合にも，親族だというだけの理由で，金融機関から弁済を受けることについて異論が出されることがありますが，これに対しては，現実に支出したものであり，金融機関等の貸出債権と同視できること，代表者貸付と異なり，出資とも同視できないことを説明すれば理解されることが多いと思われます。

3 繰上弁済条項について

　会社の業績が好転した場合に備えて，金融機関から繰上弁済条項を入れるよう求められることがあります。そのような場合にも，再生債権者に平等に弁済を行う条項にすることが必要です。

7 その他の条項

1 弁済期間について

　民事再生については，弁済期間は，よほどの大規模事件や特殊事情がない限り，再生計画認可決定の確定時から10年以内とすることが必要です（民事再生法155条3項）。

2 別除権付再生債権に関する条項

　事業に必要不可欠な不動産があり，その不動産に担保権が設定されている場

合には，別除権目的物の評価や弁済について，別除権者と交渉して，その物件の評価額に見合う支払をしたら担保権を解除してもらう「別除権受戻弁済協定」の締結を目指すことになります。

しかしながら，様々な事情により，協定締結が再生計画策定に間に合わない場合も少なくありません。

このような場合には，別除権行使によって弁済を受けることができない債権の部分（別除権不足額）が確定しておりませんので，不足額が将来確定した場合における権利行使に関する適確な措置を定めることが必要です（民事再生法160条1項1号）。

要は不足額の確定がどのような結果となっても，別除権を有する再生債権者の地位が，他の再生債権者との関係で平等に取り扱われる条項を定めることになります。

3 債務免除の定め

再生計画には，債務免除の時期を定める必要がありますが，特に明示していない場合には，再生計画認可決定確定時に債務免除の効力が生じることとなります。

また，再生手続開始決定後の利息及び遅延損害金は，再生計画認可決定確定時に全額免除を受ける旨の規定を設けることになります。

なお，債務免除益課税の問題は非常に重要な問題のため，第11章で論じることにします。

4 経営責任や株主責任に関する事項

経営者の進退や株主構成がどうなるかについても，再生計画案で定めることがありますが，これらについては第12章で論じることにします。

第10章 再生計画案の策定方法

8 金融機関との個別折衝について

　多くの会社にとって，金融機関が大口に債権者になると思われます。その中でもメインバンクの意向が再生計画案の決議が通るか否か，非常に大きなカギを握っています。
　金融機関は，①計画に経済合理性があるか，②計画の履行可能性はあるのか，③会社再生に大義があるのかをチェックしていると思われます。
　そこで，会社及び代理人弁護士は，以上に留意して，メインバンクをはじめとして金融機関，さらには大口債権者と日頃から接触を取り，これらの事情について説明を行い，理解を得られるよう努めることが大事です。
　会社と代理人弁護士は，民事再生手続申立後，速やかに，事情説明に行くべきです。毎月の月次報告の提出時にも，社長が説明に赴くのは当然として，代理人弁護士も節目節目で同席するべきです。その際には，月次の業況について説明を行うだけでなく，再生計画案の見込みについて説明を行い，意見交換を行うことが望ましいといえます。
　金融機関によっては，貸倒引当金をどこまで積んでいるかによって，幾らまで支払えば同意を得られるか教えてもらえる場合もあります。ある案件では，「再生債権に基づく支払と別除権受戻による支払の合計額で2億円弁済を受けられるのであれば，計画に同意できる。」旨正直に教えてもらえた場合もあります。またある案件は，経営責任にこだわっていることが判明したので，経営責任に関するコメントを折り込みました。
　このように弁済額にこだわっているのか，経営責任にこだわっているのかなど，再生計画案にご同意いただくべきポイントは金融機関ごとに区々になりますので，金融機関，特にメインバンクには何度も足を運んで意見交換を行うことが大事になります。

9　再生計画案の補足説明資料の重要性

　再生計画案自体は，記載すべきことが多いため，どうしても大部になってしまい，必ずしも読みやすいものではありません。

　多くの債権者にとって，関心のある事項のみに絞って，わかりやすい**補足説明資料を設けることも合理的**です。①民事再生手続開始申立に至った経緯，②破産時配当の場合の配当率，③事業計画の内容，④再生計画に基づく返済計画をわかりやすく説明し，再生計画案に同意することが債権者にとっても経済合理性があると理解してもらうことが必要です。その際には，事業計画書や財産評定時の清算貸借対照表などの参考資料を付けることも考えられます。

　また，**再生計画案賛成へのお願い文書も付けることも一般的です**（書式❶参照）。

第11章 民事再生の税務
CHAPTER 11

1 民事再生税務の課題

1 債務免除益・私財提供益に対する課税

　民事再生の対象となる企業は，業績悪化と過剰債務により債務返済の履行が困難な状況に陥った会社と想定されます。このような会社の財政を再建するための重要な手段として「過剰債務の免除」と，経営責任・株主責任の表れとしての「私財提供」が採用されます。債務免除，私財提供等された金額は課税所得を構成する益金となり，多額な債務免除などがあった場合には債務免除益課税により相当額の資金が流出する結果となります。また，後述するとおり選択する方式によっては，税務上の益金を構成する評価益が計上されるケースもあります。納税資金の流出は事業の再生や債務の返済に大きな負担となりばかりではなく，このような状況で果たして債権者が債権放棄に合意できるのかさえ問題となってしまいます。

　事業再生税制は，以下のメリットを利用して上記の免除益・評価益に対する課税リスクを抑えることにより，事業再生を促進することを意図した制度です。

- 期限切れ欠損金（特例欠損金）の利用により，青色欠損金を温存し早期の事業再生を実現させる。
- 資産処分による実現損失を発生させずに評価損失を認識することにより事業再生を促進させる。

これらのメリットを最大限活用できるタックスプランニングが再生計画の円滑な執行には極めて重要です。将来の資金流出を最小化する観点からも事前に慎重な検討を行う必要があります。

所得増額要因	所得減額要因
債務免除益等 （債務免除益，私財提供益，資産評価益）	繰越欠損金
	特例欠損金
	資産評価損

2 その他

本書は自主再生を前提としていますので詳細には触れませんが，第2会社方式を採用する場合には，合併・分割における繰越欠損金や評価損失の使用制限条項により，課税が生じてしまう可能性もあります。

また平成22年度税制改正では清算所得課税や，組織再編税制に係る改正点が織り込まれています。これらの改正も踏まえて事業再生のストラクチュアとして実際に使用される組織再編やDESに関する税務リスクが再生計画にどのような影響を及ぼす可能性があるのか，事前に綿密に検討しておく必要があります。

2 特例欠損金

1 特例欠損金額

税務上の青色欠損金は7年間（平成20年4月1日以降終了事業年度から生じた欠損金については9年間）繰り越して利用することが可能です。この制限期間を経過してしまった欠損金，いわゆる「期限切れ欠損金」は通常年度の課税所得計算上

は損金算入することは認められませんが，会社更生法，民事再生法の適用を受ける場合には損金算入が認められています。この特例措置を受ける期限切れ欠損金を「特例欠損金」とよびます。

特例欠損金の額は以下のように計算します。民事再生法上の特例欠損金額は基本的には会社更生法の考え方と同様です。

特例欠損金＝①－②	
①	適用年度終了の時における前事業年度以前の事業年度から繰り越された欠損金額の合計額
②	青色申告書を提出した事業年度の欠損金の損金算入又は災害損失欠損金の損金算入により適用年度の所得の金額の計算上損金の額に算入される欠損金

①の「前事業年度以前の事業年度から繰り越された欠損金額の合計額」の考え方は，会社更生法等の場合と同様，申告書別表5 (1) のマイナスの利益積立金額をいいます。

2　特例欠損金の控除対象額

特例欠損金の控除限度額は次ページの表の①②③の合計額となります。相殺の対象となる債務免除益等の内容は，基本的には会社更生法と同様ですが，債務免除益等との相殺の順番が異なります。また，評価損益を通算した金額がマイナスの場合（評価損＞評価益）には控除限度額は①＋②－③となります。

	控除対象となる事実	控除対象となる金額
①	債務免除を受けた場合（債務の免除以外の事由により消滅した債務に係る利益を含みます*1）	債務免除額（利益の額）
②	資産の提供を受けた場合*2	提供された金銭の額及び金銭以外の資産の価額
③	資産の評価替えを行った場合*3	評価による損益を通算した金額（民事再生法の規定に従う評価替えに係る部分に限ります）

*1 債務の免除以外の事由により消滅した債務に係る利益

会社更生法，民事再生法等の規定により債務の資本化が行われたことによる利益を意味します。またいわゆるD.E.S.による債務消滅益もこれに該当します。なお，D.E.S.の対象となる債権の時価（＝交付された株式の評価額）は，合理的に見積もられた再生企業からの回収可能性に基づき評価されるものとされ，資産評定の基準に基づき作成された実態貸借対照表の債務超過額に，債務処理に関する計画における損益の見込み等を考慮して算定することとされています。

*2 資産提供益

資産提供益の取扱いについては「再生会社がその認可された再生計画に基づき役員もしくは株主等である者又はこれらであった者から金銭その他の資産の贈与を受けることとなった場合には，その贈与による益金の額は債務の消滅による益金の額に含まれるものとする。」として債務免除益と同様に欠損金の特例の対象とされています。ただし，上記の文中にあるように「役員もしくは株主等である者又はこれらであった者」からの資産提供に限定されています。これらの者以外からの資産提供益については欠損金の特例の対象外となることに留意する必要があります。

*3 民事再生法の評価損益（187～195ページ参照）

【評価益】

内国法人がその有する資産について民事再生法の規定による再生計画認可の決定があったことによりこれらの法律の規定に従って行う評価替え，ただし評価益を認識するのは後述する別表添付方式に限られます。

【評価損】

内国法人の有する資産について民事再生法の規定による民事再生開始の決定があったことによりこれらの法律の規定に従って行う評価替えをして損金経理した金額，もしくは再生計画認可決定時に別表添付により申告調整した金額は評価替えをした日の属する事業年度の所得の金額の計算上，損金の額に算入します。

3 損金算入のルール

特例欠損金の損金算入については下表のとおり，評価損の認識方法により取扱いが異なります。この点については5.資産・負債の再評価——比較と選択

でも検討します。

損金経理方式	別表添付方式
1. 評価損	1. 評価損益
2. 繰越欠損金	2. 特例欠損金＊
3. 特例欠損金	3. 繰越欠損金

＊　上表①，②，③の合計額が繰越欠損金，特例欠損金を適用する前の課税所得の金額を超える場合には特例欠損金の算入額はその課税所得を上限とします。つまり事業縮小，人員整理等により再生途上に新たに発生した事業損失が優先的に免除益等と相殺されてしまうことになり繰越欠損金の温存効果が削減されてしまいます。

3　資産・負債の再評価──損金経理方式

1　損金経理による評価損の計上

ⅰ）民事再生法による財産評定

　民事再生法124条によれば，「再生債務者等は，再生手続開始後遅滞なく，再生債務者に属する一切の財産につき再生手続開始の時における価額を評定しなければならない。」として資産再評価の手続の実施を求めています。

ⅱ）法人税法上の再評価

　法人税法の取扱いは，原則として資産・負債の評価原則は取得原価主義であり，評価損益の計上は原則として認められていません。この取得原価主義の例外として特定のケースについて再評価による評価差額の認識を認めています。民事再生法による財産評定が行われた場合もこの例外ケースに該当することとされて以下のような規定が設けられています。

　「内国法人の有する資産につき（略）政令で定める事実が生じた場合において，その内国法人が当該資産の評価替えをして**損金経理により**その帳簿価額を**減額**したときは，その減額した部分の金額のうち，その評価替えの直前の当該資産の帳簿価額とその評価替えをした日の属する**事業年度終了**

の時における<u>当該資産の価額との差額</u>に達するまでの金額は（略）その評価替えをした日の属する事業年度の所得の金額の計算上，損金の額に算入する。（法法33Ⅱ）」として一定の事実が生じた場合の評価損の損金算入を認めています。この一定の事実としては「物損等の事実及び法的整理の事実とする（法令68）」としています。この法的整理の事実には上記の民事再生法による財産評定が含まれています。

つまり，<u>再生手続開始決定日</u>の属する事業年度において，<u>その事業年度末の時価</u>まで，損金経理により<u>評価損の計上</u>が認められています。

2 評価益は含まれていない

上記の33条2項の規定によれば帳簿価額を<u>減額</u>した場合には当該事業年度末の時価まで<u>損金に算入</u>することを認めています。ところが規定上では評価益については何も触れていないため，原則的な取扱いが適用されることとなり，<u>評価益の計上は認められない</u>ことになります。

3 時　価

民事再生法の財産評定規定に示された時価（民再法124）と法人税の時価（法基通9-1-3）の概念に以下のような差異があるため，評価額の比較・検討を要します。

	民事再生法	法人税
評価方法	原則：清算価値 例外：継続価値	使用収益価額

ⅰ）　民事再生法の時価

前頁ⅰ）に記載した民事再生法第124条の財産評定の具体的な方法として「民事再生法第124条（財産の価額の評定等）第1項の規定のよる評定は，財産を処分するものとしてしなければならない。ただし，必要がある場合には，併せて，全部又は一部の財産について再生債務者の事業を継続するものとして設定することができる（民事再生規則56Ⅰ）」と規定されていま

す。

これによれば民事再生法による財産評定に使用する時価とは**資産等の処分価値・清算価値**であり，実務上では**早期処分価額**を用いて算定されています。民事再生の財産評定が処分価値によることとされる理由は評定の目的により理解されます。

ⅱ）民事再生法の財産評定の目的

民事再生法による財産評定の目的は再生債務者の**清算価値と再生計画案との比較資料**として利用することにあります。つまり，債権者が再生計画案に賛成して債務者の将来収益から債権を回収するか，再生ではなく債務者の事業を清算して残余財産の分配を受けることによって債権を回収するかを判断する資料を作成することが目的です。債権者の一般的な判断基準としては，再生と清算のどちらがより早期に，かつより多くの債権の回収になるか，つまり**経済合理性**の尺度を採用します。

再生計画案は事業（一部又は全部）の継続を前提として作成されますから，事業継続のために今後使用する財産については継続企業価値つまり将来使用収益される価値により判定することも例外的に認められています。ただしこの場合には，財産評定により作成された貸借対照表には，清算価値によった場合の評価額を併記することとされています。民事再生法の財産評定については第8章を参照して下さい。

ⅲ）法人税法上の時価

「法第33条第2項（再評価に関する条文：著者注）の規定を適用する場合における「当該資産の価額」は，当該資産が使用収益されるものとしてその時において譲渡される場合に通常付される価額による（法基通9－1－3抜粋）」との考え方が示されています。

民事再生法が処分価値（清算価値）を原則とするのに対し，法人税は継続企業価値によることとされ，両者の時価に差が生じることとなります。

ただし民事再生法による財産評定により策定される貸借対照表等は，会社法による決算手続とは何ら関係がないものであって，あくまでも前述の

とおり債権者の経済合理性の判断基準として作成されたもので，法人税法上の時価を損金経理した決算書とその内容が異なることによって支障が生じることはありません。

　以上のように民事再生法の財産評定と法人税法上の評価損の計上は手続上異なる点があります。したがって実務上両者は別途実施されることになります。両者の差異をまとめると下表のようになります。

	評価基準時点	時　価
民事再生法	再生手続開始時	原則：処分価値（清算価値） 例外：継続価値
法人税法	再生手続開始日の属する事業年度終了の時	使用収益価額

4　再評価資産の範囲

　法人税法上の再評価の対象となる資産の範囲については，物損等の事実による再評価の範囲に準じて次表左欄のものが該当します。また，計算された評価損の是否認の額を計算する単位についても次表右欄のような考え方が示されています（法令68Ⅰ，法基通9－1－1）。

　なお法基通9－1－3の2「評価替えの対象となる資産の範囲」によれば，**金銭債権**については評価替えの対象とならないこととされています。金銭債権の帳簿価額を損金経理により減額した場合には，その金額は貸倒引当金として処理することになります。

　また，税務上計上が認められていない**負債性引当金**については，民事再生の再評価においても損金算入は認められません。したがって，法人税申告書において加算額として繰り越されてきた退職給付引当金や賞与引当金等については会計上の繰越損益と税務上の繰越損益が異なることとなります。債務免除益との相殺できる金額の計算にも影響しますので注意が必要です。

第11章 民事再生の税務

対象となる資産	評価損判定単位
棚卸資産	種類等の異なるものごと，かつ，評価損の原因となる事実（災害損傷，陳腐化等）の異なるものごと。
有価証券	銘柄ごと。
固定資産	A：土地等（土地の上に存する権利を含む） 一筆（一体として事業の用に供される一団の土地等にあっては，その一団の土地等）ごと。 B：建物 一棟（区分所有する場合には区分所有の単位*） C：電話加入権 電話局の異なるものごと。 ＊ 区分所有法第2条第1項に規定する部分。
繰延資産	規定なし。上記に準ずる合理的な基準による。

5 減価償却資産の評価

固定資産のうち，土地，建物といった不動産については通常鑑定評価額を利用しますが，減価償却資産についてはこのような評価書を入手することは困難と思われます。そこで，法基通9－1－19では減価償却資産の評価方法について以下のような考え方が示されています。

対象となる減価償却資産の再取得価額を基礎として，取得時から民事再生開始決定の日の属する事業年度終了の時まで，旧定率法により償却を行ったものとした場合に計算される未償却残高に相当する金額とします。ただし，定率法による未償却残高の方が旧定率法により償却を行ったものとした場合に計算される未償却残高よりも適切に時価を反映する場合には，定率法によることも認めています。

4 資産・負債の再評価 ── 別表添付方式

1 別表添付方式

損金経理方式により再評価を行う場合，実際に帳簿価額を減額することとなり，当然この金額は決算においても反映されることとなります。決算において

反映されるということは，会社法の計算規則あるいは企業会計の諸規則の適用をも同時に勘案したものである必要があります。場合によっては，税法上は減額が可能であっても，他の規則により減額ができないケースも存在します。このようなケースでは，免除益等と相殺するのに必要な額の評価損が税法上では認められているにもかかわらず，実際には他の規則では認められないことから損金経理・決算への反映ができないため，債務免除益に対する課税が生じてしまう可能性があります。そこで平成17年税制改正において，損金経理を要件とせず，再評価の内容を記載した別表等の添付を要件として損金経理は要件としない方法での評価損益の所得計算への反映を認めることとされました。(法法33Ⅳ,Ⅶ，法令68の2Ⅱ,Ⅳ)

2 時　価

別表添付方式における時価の概念は，基本的に損金経理方式と同じです。時価の把握に関する損金経理方式との違いは以下の点です。

別表添付方式によれば，所定の別表添付を条件として再生計画認可決定日の属する事業年度において，**再生計画認可決定時の時価**と直前簿価との差額につき益金又は，損金の額に算入することが認められます。損金経理方式では再生手続開始決定日の属する事業年度において，当該事業年度終了時の時価と直前簿価との差額を損金の額に算入することを認めていました。

適用する時価の概念に差はありませんが，評価のタイミングと評価益を認める点で大きく異なります。

3　資産評価から除外される資産

別表添付方式では，以下の資産について評価替えの対象から除外されています。損金経理方式では適用対象資産が定められていましたが，別表添付方式では，除外資産が規定されています。金銭債権が対象となるなど，対象範囲は別表添付方式の方が拡大されているといえます。

① 再生計画認可の決定又は再生計画認可決定に準ずる事実が生じた日の属する事業年度開始の日前5年以内に開始した各事業年度において圧縮記帳の適用を受けた減価償却資産
② 短期売買商品
③ 売買目的有価証券
④ 償還有価証券
⑤ 次の要件に該当する資産（評価損益が少額な資産）

| 資産の価格 | － | その資産の帳簿価額 | ＜ | 資本金等の額(*)×1/2と1,000万円(**)のいずれか少ない金額 |

（＊）　再生計画認可決定時の直前の資本金等の額
（＊＊）再生計画認可決定があった直前における有利子負債額が10億円に満たない場合には100万円

　上記⑤によれば少額な評価損益は対象から除外されることになります。単位当たりの評価損は少額であってもそれが大量に存在する場合には，その評価の単位のとり方次第で債務免除益と相殺する評価損の額に影響が生じます。対象範囲は損金経理方式よりも拡大されましたが，評価損が除外される範囲が拡大したのでは効果が削減されてしまいます。

　評価損益の判定単位については対象資産ごとに次表のように規定されています。

対象資産	評価単位
金銭債権	債務者ごとに区分。
棚卸資産	事業の種類ごと，かつ，商品又は製品（副産物，作業くずを除く），半製品、仕掛品（半成工事含む）、主要原材料及び補助原材料その他の棚卸資産の区分。
減価償却資産	建物：一棟ごとに区分（区分所有する場合には区分所有の単位＊）。 機械及び装置：一の生産設備，一台，一基。一組，一式が取引単位のものは一組，一式。 その他：上記に準じて区分。
土地等	一筆，一体として事業に供される一団の土地は一団の土地。
有価証券	銘柄ごとに区分。
その他の資産	通常の取引単位を基準として区分。

　少額，大量な評価損のある資産については，できるだけ大きなグループで評価した方が有利になりますが，上表のその他の資産は特にグルーピングの規定もなく評価損が切り捨てられてしまう可能性も大きくなると考えざるを得ません。

4　別表添付要件

　別表添付要件として別表14 (3)「民事再生等評価替えによる資産の評価損益に関する明細書」及び評価損益関係書類を確定申告書に添付することが要件とされています（法法25 v）。

　評価損益関係書類とは，再生計画認可決定を証する書類及び評価損益算定根拠を明らかにする書類とされています（法規8の6Ⅳ①）。

第11章　民事再生の税務

〔参考〕様式の参考に供するために掲載したもので数字はすべて仮定の数字です。

別表十四(一) 平二十二・四・一以後終了事業年度又は連結事業年度分

民事再生等評価換えによる資産の評価損益に関する明細書		事業年度又は連結事業年度	23・4・1 24・3・31	法人名	甲野金属株式会社（　　　）	
評定等を行うこととなった原因となる事実の種類	1	民事再生法による再生計画認可の決定	(1)の事実が生じた日	2	24・3・31	

評価益の額及び評価損の額の明細

評価益の計上される資産				評価損の計上される資産			
科目区分等		評定額等 ①	帳簿価額 ②	科目区分等		評定額等 ①	帳簿価額 ②
土　　地	3	円 2,000,000	円 1,459,000	売　掛　金	14	円 10,000,000	円 43,589,000
投資有価証券	4	2,500,000	2,212,000	製　　品	15	500,000	24,890,000
	5			長期貸付金	16	0	18,000,000
	6			建物・付属設備	17	20,000,000	58,843,000
	7			構　築　物	18	5,000,000	21,908,000
	8			機械装置	19	10,000,000	60,988,000
	9				20		
	10				21		
	11				22		
計	12	4,500,000	3,671,000	計	23	45,500,000	228,218,000
評価益の総額 (12の①)－(12の②)	13	829,000		評価損の総額 (23の②)－(23の①)	24	182,718,000	

債務免除等を受けた金額の明細

金融機関等の名称	債務免除等を受けた金額	金融機関等の名称	債務免除等を受けた金額
○○銀行	円 70,000,000		円
△△信用金庫	33,586,000		

5 資産・負債の再評価——比較と選択

1 両方式の比較

項　目	損金経理方式	別表添付方式
評価益の取扱い	益金不算入	益金算入
時価認識時点*1	再生手続開始決定日の属する事業年度末	再生計画認可決定日
評価対象資産	限定列挙，金銭債権を除き除外資産なし（法基通9－1－3の2）	限定はない（金銭債権も再評価可能），ただし除外資産あり
欠損金の充当ルール(c)参照*2	繰越欠損金→特例欠損金	特例欠損金→繰越欠損金

*1 評価損益の認識時点と債務免除益の認識時点
　民事再生法の債務免除の効力発生は再生計画認可決定の確定時とされており，評価損の認識時点がこれと異なる事業年度に行われる場合には課税所得が生じる可能性があることに留意する必要があります。
*2 評価損も含めた充当ルールは下表のとおりです。

損金経理方式	別表添付方式
1. 評価損	1. 評価損益
2. 繰越欠損金	2. 特例欠損金
3. 特例欠損金	3. 繰越欠損金

2 両方式の選択

　資産再評価の方法として2つの方法が認められていますが。そのどちらを採用すべきかについては，ケースバイケースで判断するほかはなく，一律に判定することは困難です。基本的には，債務免除益等については評価損と特例欠損金で相殺し，繰越欠損金をより多額に翌期以降へ繰り越すことが判断指標となります。187頁の表に記載したように，特例欠損金の損金算入限度額が生じる場合には，繰越欠損の繰越が減少する可能性もあります。これらの事項を参考としながら，各個別ケースの状況に応じて判断することになります。

ⅰ) 評価益が存在する場合

　基本的に別表添付方式は評価益の計上が強制され，損金経理方式では評価益の計上はないので，一般的には損金経理方式を採用するケースが多いと思われます。

- 継続使用目的の資産に評価益が存在する場合

　本来長期保有することを目的としており，その利益が近い将来実現することは想定できない状況と考えられますので，特例欠損金が多額に存在する場合を除いて評価益を認識することに意味はないと考えられます。このようなケースでは損金経理方式を選択する余地が多いと考えます。

- 処分予定資産に評価益が存在する場合

　特例欠損金が繰越欠損金よりも多額に存在する場合には，繰越欠損金を少しでも多く繰り越せるように特例欠損金と相殺しておくことが有利となる可能性があります。この場合には別表添付方式を採用する余地が多いと考えます。

ⅱ) 評価損の状態

- 繰越欠損金の温存

　繰越欠損金を将来により多く繰り越すためには債務免除益等には特例欠損金を先に充当する方が有利です。評価損が少額で特例欠損金が多額にある場合には別表添付方式を採用することが有利なケースが多いと思われます。

- 少額，大量な評価損

　別表添付方式の除外条項により切り捨てられる評価損が存在する場合，損金経理方式で相殺可能な評価損により有利判定することになります。

6　民事再生におけるその他の税務上の留意点

1　租税債務

　民事再生において租税債務は一般優先債権として取り扱われます。社会保険料，労働保険料についても同様です。会社更生法とは異なり随時弁済されるこ

とになりますので，減免されることは事実上困難と考えられますが，減免された場合には益金不算入となります（法法26Ⅰ）。

2 減価償却：再評価後の償却計算

ⅰ) 損金経理方式
- 民事再生開始決定事業年度終了時の簿価＝減価償却後の簿価
- 当該年度の償却は従来と同じ。翌事業年度から評価損を加味した減価償却が行われる。

ⅱ) 別表添付方式
　a：旧定額法
- 評価益は取得価額に加算して計画認可決定時から償却計算を調整する（法令54ⅴ）。
- 評価損は取得価額に反映させず従来どおりの償却計算を行う。評価損は過去の償却額として取り扱う（法令61Ⅰ）。

　b：旧定率法
- 評価益は取得価額に加算して償却計算を行う（法令54ⅴ）。
- 評価損は帳簿価額から減算して償却計算を行う（法令48Ⅱ）。

　新定額法，新定率法の場合も上記と同様の考え方で償却計算を実施することになります。

3 特定同族会社留保金課税

　多額の債務免除益が生じた場合，法人税本税については評価損，特例欠損金，繰越欠損金の利用により削減されたとしても，特定同族会社の留保金課税について課税が生じる可能性があります。

　留保金課税の対象となる特定同族会社の場合には，債務免除益課税について本税だけでなく，留保金課税部分についてもプランニングが必要になります。資本金が一定額以下＊の場合には留保金課税の対象外となることから，債務免除益と減資のタイミングなどを検討することにより資金流出を削減できる可能

性があります。

＊資本金の額又は出資金の額が1億円以下，ただし大法人による支配関係がある場合を除きます。

4　仮装経理による過大申告と更正の請求

(a)　仮装経理をした場合の**更正の特例**

　これも再生案件において散見される事例ですが，経営不振の状況を金融機関や得意先から隠蔽するために，実際よりも経営成績が良好な決算書を作成する場合があります。会計上の利益を過大に表示するため，課税所得もその分過大に計算される結果となってしまいます。この過大に納付した税額を還付するために更正の請求をすることになります。従来，1年間とされていた更正の請求期限が，平成23年12月2日以後に法定申告期限が到来する国税について法定申告期限から原則として5年に延長されました。なお，平成23年12月2日以前に申告期限が到来した国税は従来どおり1年となります。この場合でも，増額更正ができる期間内＊に「更正の申出書」の提出があれば，調査により納めすぎと認められた部分について減額更正が行われます。

＊　増額更正をすることができる期間も改正前5年のものについては5年に延長されています。但し，これも平成23年12月2日以後に法定申告期限が到来するものに適用されます

> 　内国法人の提出した確定申告書に記載された各事業年度の所得の金額が，当該事業年度の課税標準とされるべき所得の金額を超えている場合において，その超える金額のうちに事実を仮装して経理したところに基づくものがある時は，税務署長は，当該事業年度の所得に対する法人税につき，事実を仮装して経理した法人がその後の事業年度において仮装した事実に係る修正の経理をし，かつ，当該修正経理をした事業年度の確定申告書を提出するまでの間は，更正をしないことができる（法法129①）。

(b)　仮装経理による過大申告の更正に伴う再生案件に対する**還付の特例**

　仮装経理に基づく過大申告の更正決定に伴う法人税の還付金額は，原則とし

て，更正の日の属する事業年度開始日から5年以内に開始する各事業年度の所得に対する法人税の額から順次控除され，税額控除しきれなかった残額が生じた場合には，5年経過した日の属する法人税確定申告書の提出に一括還付されることになっています。

このように，5年間での繰越税額控除を原則として，即時還付を認めないという考え方は，事業再生という時間の猶予のないケースでは適正な制度に基づく事業再生の円滑な遂行に不合理な影響を及ぼす可能性があることから，一定の事業再生事由が生じた場合の還付の特例が設けられました。

平成21年税制改正により下記の一定の事実が生じた場合には，当該事実が生じた日以後1年以内に仮装経理法人税額の還付を請求することが可能になりました（法法135④）。

ⅰ）更生手続開始の決定があったこと。
ⅱ）再生手続開始の決定があったこと。
ⅲ）前2号に掲げる事実に準ずる事実で政令の定める事実。

【法令175②】
ⅰ）特別清算開始の決定があったこと。
ⅱ）再生計画認可の決定に準ずる事実等。
ⅲ）法令の規定による整理手続によらない負債の整理に関する計画の決定又は契約の締結で，第三者が関与する協議によるものとして財務省令で定めるもの。

- 債権者集会の協議決定で合理的な基準により債務者の負債整理を定めているもの。
- 行政機関，金融機関その他第三者のあっせんによる協議で前号に準ずる内容の締結（法規60の2）。

(c) 事業再生特例還付の手続

上記(b)の還付請求の手続をする場合には以下の事項を記載した還付請求書を提出することとされています（法法135⑥）。

ⅰ）仮装経理に係る法人税額

ⅱ) その計算基礎となる資料
ⅲ) その他
【法規60の2②】
ⅰ) 法人の名称，納税地
ⅱ) 代表者氏名
ⅲ) 上記法法135④の事実が生じた日及びその事実の詳細
(d) 仮装経理に基づく過大申告の更正決定に伴う法人税の還付の流れ

嘆願書を利用していた，これまでの実務では，更正の請求をすると，一般的には税務調査による事実確認が更正請求に基づく還付の前提ですが，調査は過大申告となった事実だけが対象ではなく，対象事業年度のすべての取引が対象となります。新しい制度においても調査の結果否認事項が検出されれば必ずしも減額更正になるとは限らない点については今後も留意が必要です。

5　繰越欠損金の繰戻還付

青色申告法人の場合，ある事業年度に生じた欠損金を前事業年度に繰り戻して前事業年度に支払った法人税の還付を受けることが認められています。この制度は特定のケースを除き凍結されていますが，民事再生開始決定があった場合には，その事実が生じた日前1年以内に終了した事業年度又は同日の属する事業年度において生じた欠損金額について繰戻還付を請求することが認められています（法法80Ⅳ）。通常1年の繰戻が認められるのに対し，民事再生開始決定があった場合には前事業年度の損失を前前事業年度の法人税への繰戻まで認められている点で特に有利な取扱いとなっています（もちろん過年度に納税の事実がなければ適用できません）。

この繰戻還付請求は開始決定日以後1年以内に行う必要があります。

6　外形標準課税

民事再生開始決定があった場合において，外形標準課税の付加価値割額に含まれる単年度損益について特例欠損金の適用があるため，通常のケースと計算

が異なります。

単年度損益の計算は以下の①,②,③，の最も少ない金額となります（法令117の2）。

① 特例欠損金額（前事業年度から繰り越された欠損金額──青色欠損金，災害損失金の損金算入額）
② 債務免除益，私財提供益の合計額
③ 特例欠損金控除前の所得金額（青色欠損金，災害損失金控除後）

7　解散会社に対する課税「清算課税」

再生計画を実行する過程で不採算事業を営む子会社，関係会社を清算するケースも想定されますが，この清算により課税が生じる可能性があります。この清算課税については平成22年税制改正により変更がありましたので，以下に新しい清算課税制度について説明します。

1　清算所得課税の廃止

平成22年税制改正により，平成22年10月以降に解散した内国法人に対しては清算所得課税が廃止され，通常の**損益法**による所得計算による課税が行われることになりました。清算所得課税は残余財産の価額が税務上の純資産（資本金等の額と利益積立金額の合計）を超える場合に，その超える部分が所得として課税されます。

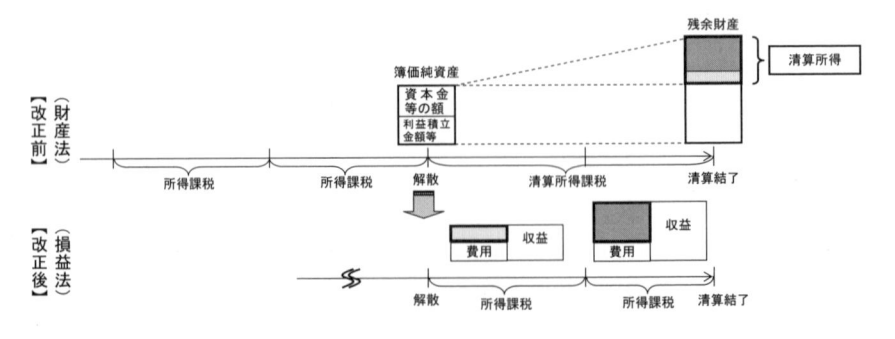

第11章　民事再生の税務

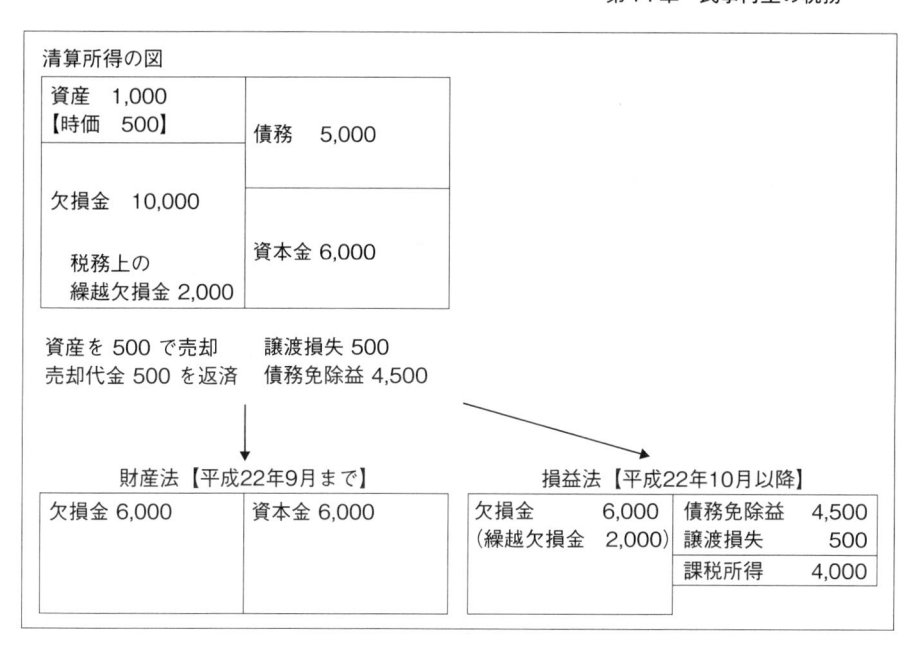

```
清算所得の図
┌─────────────────────────────┐
│ 資産　1,000      │              │
│ 【時価　500】    │ 債務　5,000  │
│                  │              │
│ 欠損金　10,000   │              │
│                  │ 資本金 6,000 │
│  税務上の        │              │
│  繰越欠損金 2,000│              │
└─────────────────────────────┘
  資産を 500 で売却    譲渡損失 500
  売却代金 500 を返済  債務免除益 4,500

       ↓                          ↘
  財産法【平成22年9月まで】       損益法【平成22年10月以降】
  ┌──────────────┐              ┌──────────────────────────┐
  │欠損金 6,000 │資本金 6,000 │  │欠損金　6,000│債務免除益 4,500│
  │              │              │  │(繰越欠損金 2,000)│譲渡損失　500│
  │              │              │  │              │課税所得　4,000│
  └──────────────┘              └──────────────────────────┘
```

ⅰ）　改正前の取扱い（平成22年9月30日までに解散した会社）

　　上図の左側の**財産法**による課税の対象となり，残余財産が0なので課税は生じません。

ⅱ）　現在の取扱い

　　上図の右側の損益法による課税の対象となるため4,000の課税所得が生じ，これと相殺する税務上有効な繰越欠損金が2,000しかないため，残余の2,000に対して課税が生じます。

したがって，債務免除益に対して十分な欠損金が存在しない場合には将来課税の生じるリスクがあります。

2　期限切れ欠損金の復活

清算所得課税が廃止されたことにより，税務上利用可能な繰越欠損金が不足する場合には，上記1ⅱ）のように債務の返済に充当する資産がないために弁

済不能であったことにより生じた債務免除益に対して，課税が生じうるケースがあります。

このような状況を回避するため，残余財産がないと見込まれる時は，解散事業年度開始前7年以内に生じた未処理繰越欠損金に加えて，期限切れの欠損金についても損金算入を認める制度が設けられました（法法59③）。

上記の例では期限切れ欠損金が4,000，債務免除益が4,500ありますので，期限切れ欠損金がすべて利用可能となり，結果として課税所得は発生しないことになります。

この場合にも別表7(2)や関係書類などの添付要件が科せられていることに留意が必要です（法法59④，法規26の6）。

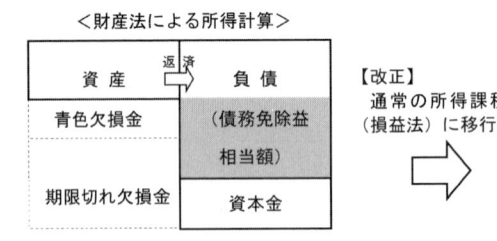

<財産法による所得計算>

資　産	返済→	負　債
青色欠損金		（債務免除益相当額）
期限切れ欠損金		資本金

【改正前】残余財産なし
⇒課税所得なし

【改正】通常の所得課税（損益法）に移行

<損益法による所得計算>

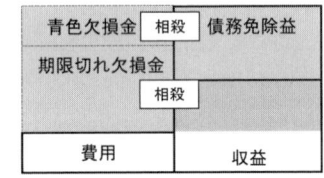

青色欠損金	相殺	債務免除益
期限切れ欠損金	相殺	
費用		収益

【改正後】収益と期限切れ欠損金の相殺
⇒課税所得なし

3　期限切れ欠損金額の算定方法

上記2で復活することとなる期限切れ欠損金の金額は下記のaからbの金額を控除した金額となります（法令118）。

　a：当該適用事業年度における法人税申告書別表5(1)の「期首現在利益積立金額①」の「差引合計額31」欄に記載されるべき金額がマイナスである場合のその金額
　b：当該適用事業年度に損金の額に算入される青色欠損金額又は災害損失欠損金額

　　a－b＝損金算入対象金額となる期限切れ欠損金

第11章　民事再生の税務

4　残余財産がないと見込まれることの意義

上記2で期限切れ欠損金の復活の条件とされている残余財産がないと見込まれることの判定の時期と意義を理解しておく必要があります。

(a)　判定の時期

残余財産がないと見込まれるかどうかの判定は，この措置を受けようとする適用事業年度終了時の現況により判定することとなります。

(b)　残余財産がないと見込まれることの**意義**とその**説明文書**

以下のような場合に「残余財産がないと見込まれるとき」に該当するものとされています。

> a．適用年度終了の時において債務超過の状態にある時。
> 【説明文書例】その時の会社の「実態貸借対照表」

この実態貸借対照表は清算を前提とした清算貸借対照表になります。その資産評価は処分価額によることとなります。したがって，通常の継続企業を前提とした企業会計の基準に基づいて作成された貸借対照表とは評価の前提が異なります。具体的には，債権については回収可能性を反映した評価になりますし，その他の資産については換金処分を前提とした処分可能価額によることになります。ただし，当該法人の解散が事業譲渡等を前提としたもので当該法人の資産が継続して他の法人の事業の用に供される見込みである場合には，その資産が使用収益されるものとして通常付される価額によることとされています。

> b．清算型の法的整理手続である破産又は特別清算の手続開始の決定又は開始の命令がなされた場合。
> 　（特別清算の開始の命令が「清算の遂行に著しい支障をきたすべき事情があること」のみを原因としてなされた場合を除きます）
> 【説明文書例】
> 「破産手続開始決定書の写し」，「特別清算開始決定書の写し」

c．再生型の法的手続である民事再生又は会社更生の手続開始決定後，清算手続が行われる場合。

【説明文書例】

「再生計画又は更生計画に従った清算であることを示す文書」

手続開始決定後，再生計画又は更生計画の認可決定（計画認可決定）を経て事業譲渡が行われ，清算が開始している場合。

「民事再生又は会社更生に手続開始決定の写し」

計画認可決定前に事業譲渡が行われ，清算が開始している場合。

d．公的機関が関与又は一定の準則に基づき独立した第三者が関与して作成された事業再生計画に基づいて清算計画が行われる場合

【説明文書例】

「公的機関又は独立した第三者の調査結果で会社が債務超過であることを示す書面」

(注1) 公的機関又は独立した第三者が関与する私的整理手続において，**第二会社方式**（再生会社は事業を譲渡し，再生会社自体は清算する方式）による事業再生が行われる場合で，公的機関又は独立した第三者が関与した上で債務超過であることの検証がなされ，その検証結果に基づいて策定された事業再生計画に従って**再生会社の清算が行われる場合**が該当します。

(注2) 該当する私的整理手続としては，企業再生支援機構，整理回収機構，中小企業再生支援協議会，私的整理ガイドライン，産業活力再生特別措置法に基づく特定認証紛争解決手続の関与する事案が該当します。

一般的には「実態貸借対照表」により債務超過の状態であるか否かが判定されますが，これに限らず，公的機関あるいは独立した第三者が関与する手続により債務超過の状態が確認されている場合には，この手続の中で作成された書類により「残余財産がないと見込まれる」か否かの判定が行われます。

上記のいずれの場合にも，特にa．のように，法的手続や公的機関の関与による私的整理の手続を前提としない場合には財務デューデリジェンスが極めて重要な機能を果たすことになります。

5　残余財産がないことの見込みが変わった場合の欠損金の取扱い

期限切れ欠損金額の損金算入制度は，清算中に終了する各事業年度終了の時の現況によって損金算入の可否を判定することとされています。仮に，その後の事業年度において状況が変動し当初の見込みと異なる結果になったとしても過去において行った期限切れ欠損金の損金算入に影響を与えるものではありません。したがって，損金算入後の事業年度において見込みが変わったことによって，過去の事業年度にさかのぼって損金算入を修正する必要はありません。

6　実在性のない資産が計上されている場合

清算等の手続中に法人の資産状況を調査する過程で実在性のない資産が明らかになることがありますが，このような場合は以下のように取り扱われることになります。

(a)　実在性のない資産とは

この「実在性のない資産」についての定義は明確ではありませんが，(b)に記載しているように実態貸借対照表において当該資産はないものとして取り扱われることから判断すると，単に物理的な存在の有無にかかわらず，資産としての能力が存在しないもの，たとえば，回収の見込みのない債権，使用不能な機械装置なども含まれるものと考えられます。

また，(c)の取扱いの内容は199頁の仮装経理があった場合の取扱いに類似した考え方ですが，判定の基礎は課税標準ではなく，実態貸借対照表の資産額であることを勘案するとより範囲の広い概念，いわゆる粉飾決算による架空資産に近い概念とも考えられます。

いずれにしても清算中の会社の残余財産の見込み額に影響し，最終的には，清算事業年度の所得計算によって確定することになります。

(b)　期限切れ欠損金額の損金算入の可否の判定

期限切れ欠損金額の損金算入の可否の判定に用いられる「残余財産がないと見込まれる」状況については「実態貸借対照表」により判定されます。実在性

のない資産はこの実態貸借対照表において資産としての計上能力はないと判断され，資産価額は減少することになります。この結果として債務超過の金額が増加する場合には，その増加金額について期限切れ欠損金の損金算入が認められることになります。

(c) 実在性のない資産の取扱い――「欠損金額の算定」

ⅰ) 実在性のない資産の計上根拠（発生原因）が明らかな場合。

a．発生原因が更正期限内に生じたものである場合。

199頁に記載した更正に関する特例（法法129①）の規定により，「法人において修正の経理を行い，その修正した事業年度の確定申告書を提出したのち，税務当局による更正手続を経て，原因発生年度の欠損金額として取り扱う。」

（発生年度が青色申告であれば青色欠損金，青色申告でない場合は期限切れ欠損金）

b．発生原因が更正期限経過事業年度内に生じたものである場合。

「法人において当該原因に応じた修正の経理を行い，仮に更正期限内であればその修正経理により増加したであろう損失額を，その発生事業年度から繰り越された欠損金額として処理する（期首利益積立金額から減算する）。」

（発生事業年度が青色申告であるか否かにかかわらず期限切れ欠損金とする）

ⅱ) 実在性のない資産の計上根拠（発生原因）が不明である場合。

発生原因，時期などが不明な実在性のない資産についても，下記(d)の手続の結果把握された場合には，その客観性が担保されていることから過大となっている利益積立金額を適正金額に修正することが適切と考えられることから以下のように取り扱うこととされています。

「法人において修正経理を行い，その修正事業年度の確定申告書上で，その実在性のない資産の帳簿価額に相当する金額を過去の事業年度から繰り越されたものとして処理する（期首利益積立金から減算）ことにより期限切れ欠損金とする。」

(d) 実在性のない資産の把握

上記の取扱いの対象とする「実在性のない資産」の把握過程については，以

第11章 民事再生の税務

下のような状況で行われた独立した第三者の調査によって検出されたものであることが前提とされています。
　ⅰ）清算型の法的手続である破産又は特別清算の手続開始決定または開始命令。
　ⅱ）再生型の法律手続である民事再生又は会社更生の手続開始決定後，清算手続が行われる場合。
　ⅲ）公的機関が関与し又は一定の準則に基づき独立した第三者が関与して策定された事業再生計画に基づいて清算手続が行われる場合。
　また，清算を前提としない，再生を前提とする上記手続においても資産の実在性のないことが客観的に担保されている場合には同様の取扱いを行うこととされています。

(e) 処理例

　○ 実在性のない資産が把握された場合の処理例(1)
　　過去の帳簿書類を調査した結果，実在性のない資産の計上根拠等が判明した場合において，その実在性のない資産が<u>更正期限内の事業年度</u>に原因の生じたものであるとき

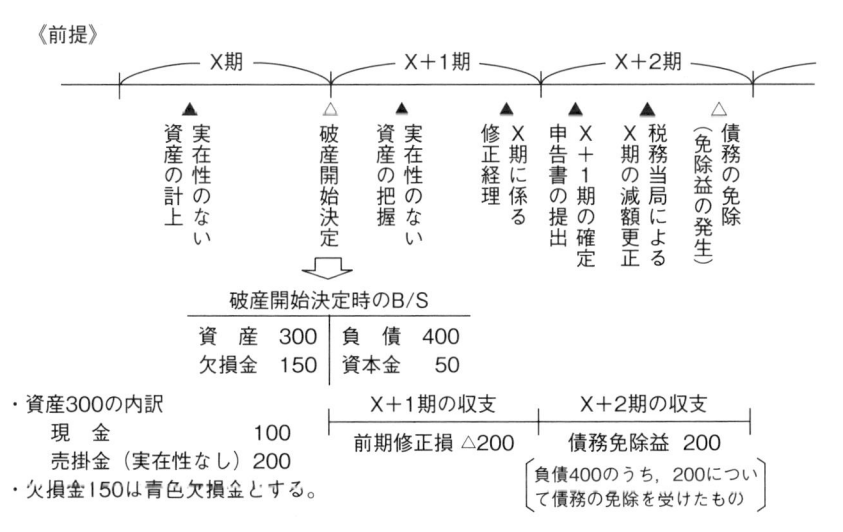

《前提》

時系列：X期 ― X+1期 ― X+2期

▲ 実在性のない資産の計上（X期）
△ 破産開始決定（X期末）
▲ 実在性のない資産の把握（X+1期）
▲ 修正経理（X+1期）
▲ X期に係る修正申告書の提出
▲ X+1期の確定申告書の提出
▲ 税務当局によるX期の減額更正
△ 債務の免除（免除益の発生）（X+2期）

破産開始決定時のB/S

資　産	300	負　債	400
欠損金	150	資本金	50

・資産300の内訳
　現　金　　　　　　　　　100
　売掛金（実在性なし）　　200
・欠損金150は青色欠損金とする。

X+1期の収支
　前期修正損　△200

X+2期の収支
　債務免除益　200
　〔負債400のうち，200について債務の免除を受けたもの〕

　＊　説明の便宜上，X+1期，X+2期においては，記載された事項以外の益金・損金はないものとします。

X+1期

```
(会計上)
  前期損益修正損   200  /  売掛金        200
(税務上)
  売掛金        200  /  前期損益修正損  200
(申告調整)
  前期損益修正損   200  /  (加算・留保(売掛金))
```

〈X+1期の別表四の記載例(抜粋)〉

区　分		総　額	処　分	
			留　保	社外流出
		①	②	③
当期利益又は当期欠損の額	1	△200	△200	
加算	前期損益修正損加算		200	200	
所得金額又は欠損金額	44	0	0	

〈X+1期の別表五(一)の記載例(抜粋)〉

区　分		期　首	減	増	期　末
売掛金				200	200
繰越損益金(損は赤)	26	△150	△150	△350	△350
差引合計額	31	△150	△150	△150	△150

〈X+1期の別表七(一)の記載例(抜粋)〉

事業年度	区　分	控除未済欠損金額	当期控除額	翌期繰越額
	青色欠損・連結みなし欠損・災害損失			
X期	青色欠損・連結みなし欠損・災害損失	150		150
計		150		150
当期分	欠損金額	0	欠損金の繰戻し額	
合　計				150

第11章　民事再生の税務

税務当局によるX期の減額更正

(税務上)
　売上過大計上　　200　／　売掛金　　　　200
　青色欠損金の翌期繰越額　350

X＋2期

(会計上)
　負　債　　　　　200　／　債務免除益　　200
(税務上)
　青色欠損金 (200) の損金算入
(申告調整)
　欠損金の当期控除額　200 (減算・流出※)

〈X＋2期の別表四の記載例 (抜粋)〉

区　分		総　額	処　分	
			留　保	社外流出
		①	②	③
当期利益又は当期欠損の額	1	200	200	
欠損金の当期控除額	42	△ 200		※　△ 200
所得金額又は欠損金額	44	0	200	※　△ 200

〈X＋2期の別表五 (一) の記載例 (抜粋)〉

区　分		期　首	減	増	期　末
繰越損益金 (損は赤)	26	△ 350	△ 350	△ 150	△ 150
差引合計額	31	△ 350	△ 350	△ 150	△ 150

〈X＋2期の別表七（一）の記載例（抜粋）〉

事業年度	区分	控除未済欠損金額	当期控除額	翌期繰越額
X期	青色欠損・連結みなし欠損・災害損失	350	200	150
	青色欠損・連結みなし欠損・災害損失			
	計	350	200	150
当期分	欠損金額	0	欠損金の繰戻し額	
	合計			150

○ 実在性のない資産が把握された場合の処理例(2)
　過去の帳簿書類を調査した結果，実在性のない資産の計上根拠等が判明した場合において，その実在性のない資産が<u>更正期限を過ぎた事業年度</u>に原因の生じたものであるとき

《前提》
更正期限を過ぎた
事業年度

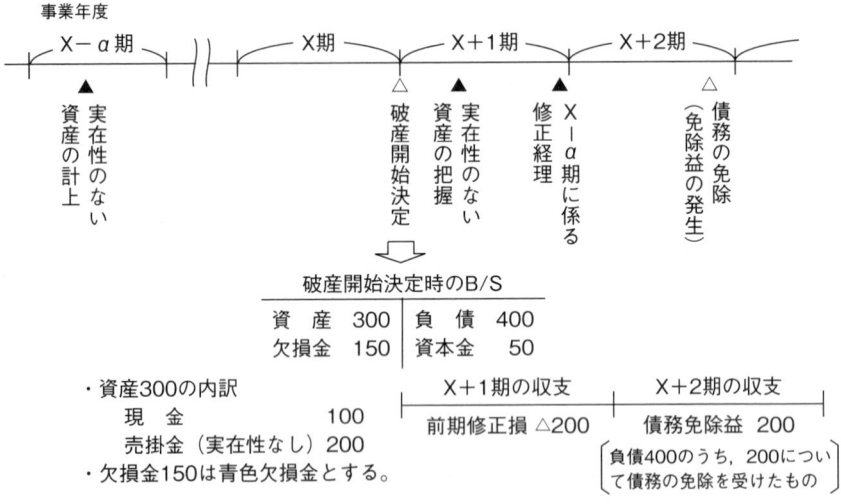

```
├── X－α期 ──┤┤── X期 ──┬── X＋1期 ──┬── X＋2期 ──┤
           ▲         △  ▲         ▲         △
           実         破  実         修         債
           在         産  在         正         務
           性         開  性         経         の
           の         始  の         理         免
           な         決  資                   除
           い         定  産                   （
           資             の                   免
           産             把                   除
           の             握                   益
           計                   X                の
           上                   －                発
                               α                生
                               期                ）
                               に
                               係
                               る
```

破産開始決定時のB/S

資　産	300	負　債	400
欠損金	150	資本金	50

・資産300の内訳
　　現　金　　　　　　100
　　売掛金（実在性なし）200
・欠損金150は青色欠損金とする。

X＋1期の収支
前期修正損　△200

X＋2期の収支
債務免除益　200
（負債400のうち，200について債務の免除を受けたもの）

＊　説明の便宜上，X＋1期，X＋2期においては，記載された事項以外の益金・損金はないものとします。

第11章　民事再生の税務

X＋1期

```
(会計上)
  前期損益修正損　200　／　売掛金　　　　200
(税務上)
  利益積立金額　　200　／　売掛金　　　　200
  (期限切れ欠損金　200)
(申告調整)
  前期損益修正損　200　／　(加算・留保 (売掛金))
  除斥期間経過分受入　△200 (五表の期首利益積立金額による受入)
```

〈X＋1期の別表四の記載例 (抜粋)〉

区　分	総　額	処　分	
		留　保	社外流出
	①	②	③
当期利益又は当期欠損の額　　1	△200	△200	
加算　前期損益修正損加算	200	200	
所得金額又は欠損金額　　44	0	0	

〈X＋1期の別表五 (一) の記載例 (抜粋)〉

区　分		期　首	減	増	期　末
売掛金				200	200
除斥期間経過受入 (売掛金)		△200			△200
繰越損益金 (損は赤)	26	△150	△150	△350	△350
差引合計額	31	△350	△150	△150	△350

実在性のない資産の帳簿価額に相当する金額 (200) を，過去の事業年度から繰り越されたものとして，別表五 (一) の期首利益積立金から減算します。

売掛金について，前期損益修止損の加算分 (200) と除斥期間経過の受入分 (△200) が相殺されるため，別表五 (一) 上，翌朝 (X＋2期) へ繰り越す金額はありません。

〈X＋1期の別表七（一）の記載例（抜粋）〉

事業年度	区　分	控除未済欠損金額	当期控除額	翌期繰越額
X期	青色欠損・連結みなし欠損・災害損失			
	青色欠損・連結みなし欠損・災害損失	150		150
	計	150		150
当期分	欠　損　金　額	0	欠損金の繰戻し額	
	合　　計			150

X＋2期

```
(会計上)
  負　債　　　　200　／　債務免除益　　200
(税務上)
  青色欠損金（150）及び期限切れ欠損金（50）の損金算入
(申告調整)
  欠損金の当期控除額　200（減算・流出※）
```

〈X＋2期の別表四の記載例（抜粋）〉

区　分		総　額	処　分	
			留　保	社外流出
		①	②	③
当期利益又は当期欠損の額	1	200	200	
欠損金の当期控除額	42	△ 200		※　△ 200
所得金額又は欠損金額	44	0	200	※　△ 200

〈X＋2期の別表五（一）の記載例（抜粋）〉

区　分		期　首	減	増	期　末
繰越損益金（損は赤）	26	△ 350	△ 350	△ 150	△ 150
差引合計額	31	△ 350	△ 350	△ 150	△ 150

第11章　民事再生の税務

〈X＋2期の別表七（一）の記載例（抜粋）〉

事業年度	区　分	控除未済欠損金額	当期控除額	翌期繰越額
X期	青色欠損・連結みなし欠損・災害損失	150	150	0
	青色欠損・連結みなし欠損・災害損失			
	計	150	150	0
当期分	欠　損　金　額	0	欠損金の繰戻し額	
	合　　計			0

〈X＋2期の別表七（二）の記載例（抜粋）〉
Ⅲ　解散の場合の欠損金の損金算入に関する明細書

債務免除による利益の内訳	債務の免除を受けた金額	23		欠損金額の計算	運用年度終了の時における前事業年度以前の事業年度から繰り越された欠損金額	27	（注）350
	私財提供を受けた金銭の額	24			欠損金又は災害損失金の当期控除額（別表七（一）「2の計」）	28	150
	私財提供を受けた金銭以外の資産の価額	25			差引欠損金額（27）－（28）	29	200
	計（23）＋（24）＋（25）	26			所得金額（別表四「41の①」）－（28）	30	50
					当期控除額（29）と（30）のうち少ない金額	31	50

（23欄から26欄までは，法人税法第59条第2項の規定の適用を受ける場合に記載し，同条第3項の規定の適用を受ける場合には記載する必要はありません）
　（注）　前事業年度以前の事業年度から繰り越された欠損金額の合計額は，当期（X＋2期）の別表五（一）の期首現在利益積立金額の合計額（マイナスの）金額となります（法基通12－3－2）。
※　過去の帳簿書類等を調査した結果，実在性のない資産の計上根拠（発生原因）等が不明である場合の処理は，上記の処理例（2）と同様になります。

7　完全支配株主への欠損金の引継ぎ

　グループ法人税制の導入により，完全支配関係のある内国法人が解散した場合，当該内国法人の株主である内国法人において清算損失（対価0の株式譲渡損失）を認識できないことになりました。これに対して，完全支配関係にある内国法人の残余財産が確定した場合，その株主である完全支配会社に青色欠損金を引き継ぐことができるようになりました。ただし，完全支配関係が5年以内に生じている場合には，引継ぎの制限措置の対象となります。

8　債権者の税務

1　貸倒引当金

　平成24年4月1日以降開始する事業年度より，貸倒引当金制度の適用法人が以下に記載された法人に限定されました。
1. 中小法人[1]
公益法人または協同組合
人格のない社団等
2. 銀行法に規定する銀行
保険業法に規定する保険会社
3. 売買があったものとされるリース資産の対価の額に係る金銭債権を有する法人等
（その法人が有する金銭債権のうち特定の金銭債権以外のものを貸倒引当金の対象債権から除外し，上記1. 2. に該当する法人を除く）

　上記の貸倒引当金適用法人については，一括評価引当金以外に債務者が民事再生の申立を行うなど，以下のケースには個別評価の引当金の設定が認められ

1）大法人（資本金の額または出資金の額が5億円以上である法人等）による完全支配関係がある法人等を除きます。

第11章 民事再生の税務

ています。

ⅰ) 債務者が民事再生手続開始申立を行った場合

下記の金額の50%を個別評価に係る引当金として設定します。

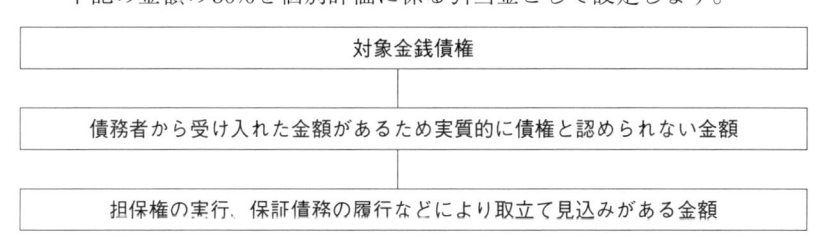

対象金銭債権
債務者から受け入れた金額があるため実質的に債権と認められない金額
担保権の実行，保証債務の履行などにより取立て見込みがある金額

ⅱ) 再生計画認可決定があった場合

下記の計算により算出された金額を個別評価に係る引当金として設定します。

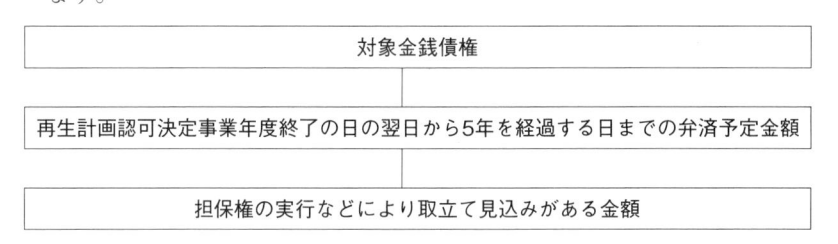

対象金銭債権
再生計画認可決定事業年度終了の日の翌日から5年を経過する日までの弁済予定金額
担保権の実行などにより取立て見込みがある金額

2　適用法人以外の法人に対する経過措置

上記の適用法人以外の法人に対しては，現行法の損金算入限度額に対して，平成24年度　3/4，平成25年度　2/4，平成26年度　1/4の引当金設定を認める措置が講じられています。

3　貸倒損失の損金算入

> 法基通9－6－1
> 法人の有する金銭債権について次に掲げる事実が発生した場合には，その金銭債権の額のうち次に掲げる金額は，その事実の発生した日の属する事業年度において貸倒れとして損金の額に算入する。
> (1)　更生計画認可の決定又は再生計画認可の決定があった場合において，これらの決定により切り捨てられることとなった部分の金額
> (2)　特別清算に係る協定の認可の決定があった場合において，この決定により切り捨てられることとなった部分の金額
> (3)　法令の規定による整理手続によらない関係者の協議決定で次に掲げるものにより切り捨てられることとなった部分の金額
> 　　イ　債権者集会の協議決定で合理的な基準により債務者の負債整理を定めているもの
> 　　ロ　行政機関又は金融機関その他の第三者のあっせんによる当事者間の協議により締結された契約でその内容がイに準ずるもの
> (4)　債務者の債務超過の状態が相当期間継続し，その金銭債権の弁済を受けることができないと認められる場合において，その債務者に対し書面により明らかにされた債務免除額

①　法的整理により切り捨てられた場合——9－6－1(1)(2)

9－6－1(1)(2)において，法的な手続により債権が切り捨てられた場合には，その切り捨てられることとなった金額について，債権者が貸倒損失を計上することとされています。(1)の場合は民事再生法を利用する事業再生について利用することとなり，第2会社方式により事業譲渡又は会社分割を実行した後に特別清算手続を採用する場合には(2)を適用することとなります。

貸倒損失の発生日は上記にもあるように，再生計画認可決定日及び特別清算

第11章　民事再生の税務

協定認可決定日を含む事業年度とされています。

第12章 経営責任，株主責任
CHAPTER 12

　甲野社長と岡宮弁護士が金融機関訪問をしていると，「経営責任はどうなるのか。株主は変わらないのか。」という質問を投げかけられることがありました。

1　経営責任とは

　民事再生を申し立てるというのは，一時，再生債権の支払を棚上げし，また，再生計画案の認可によって，再生債権の大部分は債務免除の対象となってしまいます。

　債権者の中でも金融機関は，①自分たちが債務免除を迫られているのに，会社を倒産状態まで追いこんでしまったことに責任のある経営者が，引続き会社の経営を続けることは許されないという素朴な感情論を持ち出してくることがあります。また，感情論とは別に，②倒産状態になるような経営をしていたというのは，経営者としての資質，能力を欠くのではないかという疑問を持って，経営者の退任を求めてくることがあります。

　確かに，倒産危機までの間に明らかな放漫経営，非行があったり，あるいは最優先で自己保身を図ったりしていた事実が発覚したような場合には，当該経営者に退陣していただいた方が妥当といえます。

　しかしながら，会社が窮境に至ったとしてもその原因は様々です。経営者で

ある以上，一定の責任を免れ得ないことはもちろんですが，だからといって常にそのすべてを経営者本人に負担させてしまうことは必ずしも適切とはいえないでしょう。また，現経営者が退任してしまっては，事業の存続が不可能になるケースもあります。特に，中小企業の場合には，経営者自体が当該会社のビジネスモデルであり，経営者（社長）の個性，ノウハウと事業とが一体となっているため，経営者から切り離して事業の存続を観念することが難しいということが多々あります。また，現実論としても，現経営者に替わって再生会社の建て直しに尽力したいという意欲と能力を有する人材を確保することが困難という事情も無視できません。

　そうした場合にまで**常に経営者が退任しなければならないとすると，かえって事業価値を毀損させる場面もあるのです。**そうだからこそ，**民事再生手続では，会社更生手続と異なり，自主再建が前提とした手続となっているわけです。**

　そこで，**経営者が続投することで，事業の存続が可能となり，金融機関債権者に対する返済額を極大化できるという場面については，そのような場合には，経営者続投を強く主張するべきです。**

　もっとも，最終的に再生計画案にご同意いただく必要もありますので，場合によっては，従業員や他の取締役から社長を選任することもあります。その場合にも現経営者の方の力が必要なことは変わりありませんので，現経営者が会長や相談役などの立場で現場で士気を奮ってもらうこともあります。

2　保証債務について

1　保証人としての立場

　中小企業の経営者は，通常，金融機関債権者に対して，会社を主債務者とする連帯保証人になっているでしょうから，保証人として責任を負わなければならない立場にあります。また，経営者の保有する自宅等の不動産については，金融機関債権者に対する不動産担保権が設定されていることも多く，不動産競売によって強制的に財産を失うこともあるでしょう。

いずれにせよ，経営者として，個人財産をすべて失ってでも何とか会社を再建させたい（会社再建と自分の身のこととの間の優先関係をはっきりと示す）との強い覚悟がないと，到底債権者からの理解を得ることはできません。

2　保証債務からの解放（個人破産）について

　経営者にとって，今後，獲得する資産が差押えの対象になるのは気持ちの良いものではないでしょう。金融機関にとっても，税務上の処理のために破産を申し立てることは望ましいものです。そこで，民事再生手続を申し立てた会社の社長は，個人破産ないしは民事再生を申し立てることが一般的です。

　破産という制度について，従来の「破産宣告」との呼称もあいまって，極めてネガティブなイメージを持っておられる方も多いかと思われます（住民票に記載されるといった誤った知識に基づく誤解も多いです）。

　しかし，現在の破産法では，その目的として，「債務者の財産等の適切かつ公平な清算を図る」こととともに，「債務者について経済生活の再生の機会の確保を図る」ことがうたわれており，債務者の経済的再生のための積極的制度としての位置づけが明確にされています。また，法律上，「破産宣告」という用語も使われなくなり（代わりに「破産手続開始決定」という用語が使用されています），従来よりもかなりの程度，抵抗感が払拭されることになりました。

　実務上，民事再生を申し立てた時点の経営者が引続き続投しつつ，保証責任については自己破産などによって実質的に履行するという例はとても多いです。

3　経営者の個人資産（特に居住権）の確保

a　任意売却の流れ（無担保不動産の場合）

　経営者には，個人財産をすべて失ってでも会社の再建を目指すという強い覚悟が必要ですし，実際，保証責任の履行や破産手続の申立等によって，個人財産を手放さなければならなくなる場合が多いでしょう。

　もっとも，だからといって，文字どおり家財道具一式をすべて失わなければならないわけではありません。破産手続の場合でも現金99万円までは自由財

産として保有継続が認められております。

中でも経営者にとって一番関心があるのは自宅の確保という点だと思います。そこで，どうやって居住権を確保することができるかについて以下に述べます。

(a) 時価での売却が必要

一般論として，経営者の**自宅を親族，友人等の協力者に買っていただいた**うえで（任意売却といいます），**当該物件の利用契約（使用貸借，賃貸借契約）を締結**することで，引続き当該物件に住み続けることが可能です。

なお，ご自宅の売却価格が低額である場合には，詐害行為（財産減少行為）に該当するとして問題となります。

そこで，任意売却に先立ち，**不動産鑑定士に依頼してご自宅の客観的な価値（時価）を算出**してもらい，当該金額を基準として実際の売却価格を定めるといった配慮が必要となります。

(b) 破産申立を考えている場合

もっとも，破産手続を考えている場合には，経営者自身が不動産の任意売却を行って良いのか否かは慎重な検討が必要です。

なぜなら，不動産を売却しなければ，破産管財人は換価したうえで，それをすべて配当対象とすることが可能ですが，破産申立前に換価することにより現金になってしまうと，99万円までは自由財産として配当対象から外れることになってしまいますし，換価代金が散逸してしまう可能性が否定できないからです。

できることであれば，**破産手続申立後，破産管財人と交渉し，親族等に買い取ってもらうことが望ましい**といえます。

もっとも，手許資金がなく，申立費用がないため，やむなく自宅不動産を親族等に換価することも考えられますが，その場合にも，換価した代金は，代理人弁護士に預けるなど適切な管理が求められます。代理人弁護士費用や破産申立費用（予納金）等の合理的な経費（有用の資）の支出に充てるのは構いませんし，場合によっては一定の生活費に使うことも許容される余地はあると思いますが，いつの間にか費消してしまい，なくなっていたとしたら，そもそもの売

却自体の是非が問題となりますし，代理人弁護士の責任追及といった問題も出てきます。

　(c)　破産申立を考えていない場合

　ちなみに，経営者（保証人）が会社経営から退任し，高齢等の事情により，今後新たな資産形成の可能性も乏しい場合には，破産申立をしないことがあります。

　そのような場合には，当該保証人は，自宅の売却後，換価代金を各金融機関が有する債権残高の割合に応じて割り付け計算した金額を，それぞれに対して返済することになります。

b　担保権が設定されている場合

　自宅に抵当権等の不動産担保権が設定されている場合については，任意売却の事前に，担保権者との話合いの中で，担保抹消条件（いくらで売却して，いくら弁済するか）について合意することが必要です。その際の売却価格については，やはり不動産鑑定によって算定することが合理的であるといえるでしょう。

　担保権者との間で，任意売却及び担保抹消条件について合意できた場合には，前述と同様に，任意売却後に買主との間で承諾を得て，居住を続けることが可能となります。

　当該物件がいわゆるオーバーローン状態（担保権の被担保債権額≧当該物件の売却額）にある場合（通常はこれに該当すると思われます）には，担保権者との個別交渉で足りることになります。ただし，担保余剰が生じる場合（担保権の被担保債権額＜物件の売却額）には，物件売却額－被担保債権額の残額部分については，すべての保証債権者の債権回収のために拠出されるべきです。そこで，このような場合，残額部分は前述のとおり，すべての債権者に対して平等に返済されることになります。

4　株主責任

　現経営者が引続き，会社経営する計画が認められる場合には株主責任まで問われないこともあります。

もっとも，自主再建であっても，従業員からの内部昇格等によって，新しい社長が就任する場合には，現経営者が所有している株式の処理について争点となることがあります。

　なぜなら，会社が清算した場合，債権者への配当が終った後に株主は残余財産の配当を受けられる立場にあります。つまり，株主は債権者よりも劣後する立場にあります。それにもかかわらず，再生計画案の認可決定によって，多額の債務が免除され，直ちには債務超過を脱するわけでありませんが，近い将来，株主価値（株式価値）が出てくるようなことがあるのは，債権者に多大な犠牲を強いているにも関わらず，不当ではないかという考えがあるからです。

　そのような場合には，現経営者の株式価値を残さない方策として，現経営陣や一族が株式を手放す方法と減資（100％減資の場合は増資も必要）が考えられます。

　法律上は株主総会特別決議によって減資をすることは可能です。また，民事再生の場合には，特別に裁判所の許可を得て，株主総会を省略することも可能となっております（民事再生法154条3項）。

　もっとも，よくよく金融機関に話を聞いてみると，スポンサーがつかない自主再建の場合には減資まで行うことを求めておらず，会社を窮境に陥らせた経営者が株式を第三者に譲渡するなどして手放せば足りると考えていることも少なくありません。その場合には新しく社長に就任する人物に株式譲渡を行うことで対応すれば足りるでしょう。

第13章 再生計画の決議・認可－手続終結へ
CHAPTER 13

1 再生計画案の提出後の取扱い

1 監督委員によるチェック

　監督委員は，再生債務者から再生計画案の提出を受けると，再生計画案の内容を調査のうえ，裁判所に対して「意見書」を提出します。

　監督委員の調査対象事項は，主に再生計画案の不認可事由の存否の点にわたります。具体的には，①再生計画案に平等原則違反等の法律違反が存在しないこと（法174条2項1号参照），②再生計画に基づく返済額が破産配当を上回るものであること（同項4号参照），③再生計画に遂行可能性がないとはいえないこと（同項3号参照）といった点について調査することになります。

　裁判所は，監督委員から不認可事由はないとの意見を聞いたうえで，付議決定を行います。この決定によって，再生計画案は債権者集会における決議の対象となるわけです。

　なお，監督委員の調査範囲は，法令違反にとどまらず，実質的に計画の遂行可能性にも及んでおりますので，事実上，監督委員の意見が債権者の判断に与える影響は大きいといえるでしょう。

2 付議決定〜債権者集会まで

　裁判所は，付議決定後，再生債権者に対して債権者集会の招集を行います（裁判所によっては，債権者集会を開催せず，書面投票のみを行う運用をしております）。東京地方裁判所の場合，再生計画案の提出からおおむね2カ月程度先の日時が指定されています。

　招集通知には，再生計画案に加え，監督委員の調査報告書や議決票も同封される場合が多いです。

【Know How】

　債権者あて招集通知を発送する際に，再生債務者が，再生債権者に対して，再生計画案への投票を促す内容の書面を同封することが認められる場合があります（その場合，事前に裁判所に内容をチェックしてもらうことになります）。

　後述するように，再生計画の可決要件としては，金額面だけでなく，賛成する再生債権者の頭数要件もありますので，多くの債権者に対して賛成の票を入れていただけるよう促すことが必要です。

　債権者集会までの時間はそれほど多くはありませんが，再生債務者としては，このような書面による案内だけでなく，実際に各債権者を個別に訪問して，その場で，再生計画に賛成する旨の議決票（ないし委任状）をいただくことができるよう，精力的に足を動かすことが重要です。

2 債権者集会

　債権者集会は，裁判所が主催します。

　出席した債権者（書面投票を併用している裁判所の場合，事前に書面投票で済ませている方たちもいるため，それほど多くの債権者が出頭することはないようです）は，再生計画に対する賛否の態度を表明します。

第13章 再生計画の決議・認可－手続終結へ

　再生計画案が可決されるためには，頭数要件に加え議決権額要件をクリアすることが必要です。すなわち，①債権者（正確には議決権者）の過半数及び②議決権者の議決権の総額の2分の1以上の議決権を有する者の同意を得ることが必要です（法172条の3第1項1号）。

【Know How】
　実務的な感覚ですが，一般商取引債権者の方々は，事前に賛否の態度を表明していただけることが多い反面，金融機関債権者については，債権者集会に出席して，その場で意思表明をされる場合が多いです。金融機関債権者の議決権額は大きいですので，最後まで緊張が続きます。
　もっとも金融機関の意向自体は，債権者集会までに定まるはずですので，できる限り，事前に賛成の内諾を得られるよう働きかけるべきです。

3　認可決定

　裁判所は，債権者集会で再生計画案が可決されたときには，認可の決定を行います。
　裁判所は，事前に監督委員から不認可事由が存在しない旨の調査報告を受けていること，債権者集会で再生債権者らが再生計画案を可決するとの意向を表明していることから，通常は，それほど時間をかけずに判断することになるでしょう（東京地方裁判所では，債権者集会当日に判断を示しております）。
　認可決定は，官報公告後2週間の異議申立期間を経過したときに確定します。
　なお，東京地方裁判所の運用では，認可決定によって，監督命令のうち，再生債務者の行為に対する監督委員の要同意事項の効力が失われます。経営判断の自由が回復されることになるわけです。

4 再生計画の効力

再生計画は,認可決定の確定によって効力を生じます(法176条)。

再生計画の効力の内容として重要なものを取り上げますと,まず,再生債権者の権利変更が生じる点があげられます(法179条1項)。すなわち,**再生債権は,再生計画の定めに従ってその内容が変更され,これにより,債務の減額・免除,支払期限の猶予(最長10年)といった効力が生じる**こととなります。

なお,未払の租税公課,労働債権といった優先債権や,共益債権となっている債権(手続後に発生した債権等)の支払義務は残りますので,引き続き支払を続けることになります。

また,担保権者(別除権者)との間で,別除権の受戻し条件について合意を得ていない場合には,認可決定確定後も引き続き交渉を続けることになります。

5 再生計画の遂行

再生計画の認可決定が確定したときは,再生債務者は,速やかに再生計画を遂行しなければなりません(法186条1項)。

自主再建での事業再生を目指す場合であれば,早急に事業を正常なものとして立て直し,収益力の改善,強化を実現し,再生計画によって定められた返済を滞りなく実現しなければなりません。

また,再生債務者は,監督委員による再生計画の遂行の監督を受けますので(同条2項),適宜,計画の遂行状況を監督委員に報告することになります(計画に基づく弁済を行った直後に,その旨の報告を行ったりしています)。

【Know How】

認可決定が確定すれば,ひとまずは裁判所の手続から離れることになり

ます。再生計画の履行期間中は，監督委員による再生計画遂行の監督を受けますが，実質的な制約はほとんど存在しないと思います。

　このように，認可決定の確定は，再び「正常な会社」としての一歩を踏み出すという意味もあります。中には，このことを評価して，与信取引の再開に応じていただけるケースもあります。また，取引自体の再開に応じていただけることもあります。

　したがって，このような「good news」については，債権者だけでなく，従来からの取引先に対しても，早急にその旨アナウンスされると良いでしょう。

6　再生手続の終結

　監督委員が選任されている再生手続においては，再生計画が遂行されたとき(計画に基づく弁済が終結したとき)，または，再生計画認可決定が確定した後3年が経過したときに，再生手続は終結することになります（法188条2項）。

　再生計画で計画弁済の遂行期間が3年を超える場合もままありますが，その場合でも，とりあえずは3年間で手続自体は終結することになるわけです。もっとも，手続が終結したからといって，再生計画に基づく支払義務が消えるわけではありません。したがって，再生債務者は，引き続き計画弁済を遂行できるよう，誠意をもって取り組まなければならないことは言うまでもありません。

付録

各種書式

書式❶ 開始決定後のスケジュール …………………………………… 234
書式❷ 再生事件連絡メモ（法人・個人兼用） …………………… 235
書式❸ 再生手続開始申立書 ………………………………………… 236
書式❹ 保全処分申立書 ……………………………………………… 241
書式❺ 債権者説明会　式次第 ……………………………………… 242
書式❻ 民事再生手続申立及び支払い条件変更のお知らせ ……… 243
書式❼ 民事再生手続申立と債権者説明会のお知らせ …………… 244
書式❽ 従業員用マニュアル ………………………………………… 246
書式❾ 民事再生手続開始の申立ておよび今後の入金の相殺禁止等のご連絡 …… 248
書式❿ 告示書 ………………………………………………………… 249
書式⓫ 監督委員の同意申請書（DIPファイナンス） …………… 250
書式⓬ 少額債権弁済申請書 ………………………………………… 251
書式⓭ 少額債権弁済許可申請書 …………………………………… 252
書式⓮ 月次報告書 …………………………………………………… 253
書式⓯ 民事再生手続開始決定のお知らせ ………………………… 254
書式⓰ 財産評定書 …………………………………………………… 255
書式⓱ 別除権受戻し弁済協定書 …………………………………… 258
書式⓲ 再生計画案 …………………………………………………… 260
書式⓳ 議決票ないし委任状提出のお願い ………………………… 262
書式⓴ 再生計画認可決定のお知らせと御礼 ……………………… 264

書式❶

事件番号　　平成24年（再）第××号
再生債務者　甲野金属株式会社

開始決定後のスケジュール

○○地方裁判所

手続	予定日	申込日からの日数
申立て・予納金納付	月　日	0日
進行協議期日	月　日	0〜1日
保全処分発令・監督委員選任	月　日	0〜1日
（債務者主催の債権者説明会）	月　日	0〜6日
第1回打合せ期日	月　日	1週間
開始決定	月　日	1週間
債権者届出期限	月　日	1月＋1週間
財産評定書・報告書提出期限	月　日	2月
計画案（草案）提出期限	月　日	2月
第2回打合せ期日	月　日	2月
認否書提出期限	月　日	2月＋1週間
一般調査期間（始期）	月　日	10週間〜
一般調査期間（終期）	月　日	11週間
計画案提出期限	月　日	3月
第3回打合せ期日	月　日	3月
監督委員意見書提出期限	月　日	3月＋1週間
債権者集会招集決定	月　日	3月＋1週間
書面投票期間	月　日	集会の8日前
債権者集会期日・認否決定	月　日	5月

> 財産評定書・報告書・計画案（草案）のドラフトを提出期限の2日前までにFAX送信してください

> 計画案のドラフトを提出期限の2日前までにFAX送信してください。

※東京地裁の標準的スケジュールより引用

書式❷

再生事件連絡メモ（法人・個人兼用）

以下の事項に記入の上，ファクシミリで送信して下さい。FAX　　－　　　－
（送信書不要・**法人は代表者の資格証明を**，**個人は住民票を添付してください**）

申立人名 （法人・個人）	※ 現住所が住民票と異なる個人は現住所を併記してください。			
	（業種）			
担当弁護士名 （連絡先）	TEL　03－　　－ FAX　03－　　－			
事務所名				
負債総額	約　　億　　万円	予定債権者数		名
申立予定日	月　　日　午前・午後　　時　　分頃			
不渡り予定日	月　　日	保全処分謄本必要数		通

（保全謄本1通につき収入印紙150円分が必要です）

保全処分の主文（定型）は次のとおりです（個人を除く）。

　　再生債務者は，下記の行為をしてはならない。
　　　　　　　　　　　　　記
　　平成〇〇年〇〇月〇〇日（保全処分発令日の前日）までの原因に基づいて生じた債務（次のものを除く）の弁済及び担保の提供
　　　　租税その他国税徴収法の例により徴収される債務
　　　　再生債務者とその従業員との雇用関係により生じた債務
　　　　再生債務者の事業所の賃料，水道光熱費，通信に係る債務
　　　　再生債務者の事業所の備品のリース料
　　　　10万円以下の債務

特記事項（予納金分納の希望，定型と異なる保全処分の主文を要する場合，協議期日時ではなく申立時に保全処分の発令を要する場合等）

- 債務者主催の債権者説明会の予定　　　月　　日（　）午前・午後　　時　　分
　　　　　　　　　　　　　　　　　（場所）
- 係属中の関連事件　　□なし　□あり　（平成　　年（再）第　　　号）
- 社債を発行している場合に社債管理者等の有無　　□なし　□あり

―――――――――――　裁判所使用欄　―――――――――――

平成　　年（再）第　　　号	担当書記官　A　B　C　D　E　F 主任裁判官　a　b　　単独体　c　d　e　t
予納金　　　　　　　万円	監督委員
期日　　月　　日（　）午前・午後　　時　　分	

※東京地裁の再生事件連絡メモより引用

書式❸

再生手続開始申立書

平成24年3月16日

〇〇地方裁判所〇〇部　御中

申　立　人　　甲野金属株式会社
上記申立人代理人　　弁護士　〇〇〇
同　　　　　　　　　弁護士　〇〇〇

岡宮次郎
夏垣花子

当事者の表示　別紙当事者目録記載のとおり

申　立　の　趣　旨

　甲野金属株式会社について再生手続を開始する
との決定を求める。

申　立　の　理　由

第1　甲野金属株式会社（以下「申立人」という。）の概要
　1　申立人の概況
　　(1) 商　号
　　　　甲野金属株式会社
　　(2) 申立人の目的
　　　　① 工作機械部品の製造・販売
　　　　② ・・・・・
　　(3) 株式及び資本金
　　　　ア ・・・・・
　　(4) 株　主
　　　　A氏　　・・・・株

(5) 設立年月日
　　　昭和35年○月○日
　(6) 申立人の役員
　　　代表取締役　　甲野○○
　　　取　締　役　　　○○○
　(7) 本店所在地
　　　○○県○○市○○
　(8) 従業員の状況
　　　正社員30名，パート10名，合計40名（役員除く）
　(9) 許認可
　　　○○
２　申立人の経歴
　　昭和35年○月　設立
　　　　　　　　　　　　　　　　　　　　　　　　　　　現在に至る
３　関連会社
　　なし

第２　業務の状況
１　事業内容
　　申立人の主な事業内容は以下のとおりである。
　(1) 工作機械部品製造事業
　　　大手電子部品メーカー数社から受注を受けて工作機械用の部品を製造，販売している。
　(2) ○○事業
　　　・・・・・
２　業績推移
　　申立人の直近3事業年度の業績の推移は，以下のとおりである。

第３　資産・負債の状況
１　資産・負債の推移
　　申立人の直近3期の資産，負債の推移は以下のとおりである。
２　資産の状況
　　申立人の本申立日現在の資産状況は上記のとおりである。
３　負債の状況
　　　申立人の本申立日現在の債権者数は○○名，負債総額は約○○○円であり，その主なものは以下のとおりである。
　(1) 金融債務
　　　申立日現在の金融債務は○○○円であり，債権者数は○名である。

(2) リース債務
　　　　申立日現在のリース債務は約〇〇〇円であり，債権者数は〇名である。
　　(3) 公租公課
　　　　申立日現在の未払公租公課は約〇〇〇円であり，債権者数は〇名である。
　　(4) 買掛金・未払金債務
　　　　申立日現在の買掛金・未払金等の取引債務は約〇〇〇円であり，債権者数は〇〇名である。
　4　会社財産に対する他の手続または処分
　　　申立人の所有する財産につき以下の手続がなされている。
　　　・・・・・
　5　労働組合の有無

第4　再生手続開始の原因たる事実・本申立に至った経緯
　1　再生手続開始の原因たる事実
　　(1) 債務超過
　　　　申立人の本申立日現在の資産総額は〇〇円，負債総額は〇〇円で，〇〇円の債務超過の状態にある。
　　(2) 支払不能
　　　　申立人の振り出した約束手形〇〇円が平成〇〇年〇月〇日に支払期日を迎えるが，申立人の手持現預金は〇〇円であり，支払不能の状態にある。
　2　申立に至った経緯
　　(1) 新工場の建設による有利子負債の増加
　　　　申立人は，工作機械部品製造の下請を主たる業務とする会社である。
　　　　申立人の製造する工作機械部品はその品質を高く評価されており，大手電子部品メーカー数社からも継続的に受注を受け安定的に経営を継続していた。
　　　　平成〇〇年には，受注が増加傾向にあり，これまで使用していた第一工場だけでは製品の供給能力に不足が生じることが予測されたことから，第一工場の隣接地を賃借し，第二工場を新設することとし，建設資金3億円の大部分を金融機関の借入により調達した。その結果，申立人の負債総額は，7億円に膨れ上がったものの，第二工場新設の時点では，上記建設資金を含む有利子負債の返済は十分に可能な状態にあった。
　　(2) リーマン・ショックによる売上急減
　　　　申立人の経営状況はその後も堅調に推移していたものの，平成20年9月ころに発生した，いわゆるリーマン・ショックにより，申立人の大口取引先であった大手電子部品メーカーN社が大幅に事業を縮小することになった。申立人は同社及びその関連会社からの受注が売上全体の約6割を占めていたため，これにより申立人の売上も大幅に減少することとなり，平成21年期においては多額の赤字を計上するに至った。
　　　　これに対し，申立人は，雇用調整助成金の受給を受けて人件費の負担を軽減

し，金融機関に対しても支払のリ・スケジュールを要請して支出の削減に努める一方，新規取引先の開拓を企図して営業活動を行ったものの，リーマン・ショック後の厳しい経済情勢においては，新規取引先の開拓も思うようにすすまず，売上減少分を補填するには至らなかった。

かかる状況においても，申立人は，公租公課の支払の繰延べや，買掛金の繰延べ等を行い運転資金の確保に努めてきた。しかしながら，申立人が振り出した約束手形○○円の決済資金を，支払期日の平成○○年○月○日までに確保することができず，同日に手形不渡処分となることが確実となったことから，今般，本申立に至った次第である。

第5　再生計画案の作成方針についての申立人の意見
1　再生計画の骨子
申立人は工作機械部品の製造において高い技術力を有しており，実際，申立人の製品の性能はこれまでも大手電子部品メーカー各社から高い評価を得ている。

今後の再生計画においては，人件費等の販売管理費を削減し，売上規模に見合った体制を整え，高い技術力を生かして安定的に収益を維持確保して弁済原資を確保していくことを想定している。
2　資金繰り状況
再生手続開始申立資金繰りの予定は疎甲第○号証のとおりであり，申立人の資金繰りに何ら支障はない。
3　債権者その他関係者の協力の見込み
上記のとおり申立人は高い技術力を有しており，取引先も今後の取引継続にも応じる見込みである。

債権者についても，これまでにも返済のリ・スケジュールに応じるなど，申立人の再建に協力的であり，また，今後申立人においても引き続き説明し，協力を求める予定である。

したがって，申立人の再建に債権者その他関係者の協力は得られる見込みである。

第6　まとめ
以上のとおり，申立人には再生手続申立要件及び再生手続開始要件が存在し，かつ再生の見込みもあることから，本申立に及んだ次第である。

以　上

疎 明 方 法

疎甲第1号証　　　　商業登記簿謄本
疎甲第2号証　　　　定款
疎甲第3号証　　　　会社パンフレット
疎甲第4号証　　　　従業員組織表
疎甲第5号証　　　　就業規則等
疎甲第6号証の1　　債権者一覧（金融機関）
　　　　　の2　　債権者一覧（リース債務）
　　　　　の3　　債権者一覧（公租公課）
　　　　　の4　　債権者一覧（買掛金・未払金等）
疎甲第7号証の1　　第○期決算書（平成○年○月期）
　　　　　の2　　第○期決算書（平成○年○月期）
　　　　　の3　　第○期決算書（平成○年○月期）
疎甲第8号証の1　　資金繰り表（実績）
　　　　　の2　　資金繰り表（今後6か月）

添 付 書 類

1　疎甲号証（原本又は写し）　各1通
2　取締役会議事録　　　　　　1通
3　履歴事項全部証明書　　　　1通
4　委任状　　　　　　　　　　1通

書式❹

保全処分申立書

平成24年3月16日

○○地方裁判所○○部　御中

　　　　　　　　　　　　　　申　立　人　　　甲野金属株式会社
　　　　　　　　　　　　　　上記申立人代理人　　弁護士　岡宮次郎
　　　　　　　　　　　　　　同　　　　　　　　　弁護士　夏垣花子

当事者の表示　別紙当事者目録記載のとおり

申　立　の　趣　旨

申立人は，下記の行為をしてはならない。
記
　平成24年3月17日までの原因に基づいて生じた債務（次のものを除く）の弁済及び担保の提供
　租税その他国税徴収法の例により徴収される債務
　再生債務者とその従業員との雇用関係により生じた債務
　再生債務者の事業所の賃料，水道光熱費，通信に係る債務
　再生債務者の事業所の備品のリース料
　総額10万円以下の債務
との決定を求める。

申　立　の　理　由

1　申立人は，本日，御庁に対し，民事再生手続開始申立をし，現在，審理中である。
2　申立人が，民事再生手続開始申立をしたことにより，一部債権者から債務の弁済，担保提供を強要されるおそれがある。
　しかるに，申立人において，一部債権者に対し，債務の弁済または担保の提供をなせば，債権者の取扱いが不公平となり，また，申立人の運転資金の枯渇やこれに伴う事業継続の支障が生じる。
3　また・・・・
4　よって，民事再生法第30条第1項に基づき，申立の趣旨記載の決定を求めて，本申立に及んだ次第である。

疎　明　方　法

再生手続開始の申立書の疎明方法を援用する。

添　付　書　類

1　委任状　　1通

書式❺

平成24年3月20日

甲野金属株式会社

債権者説明会　式次第

【本日の進行順序】
1　開会の言葉
2　社長陳謝
3　これまでの経緯と会社の現状について
4　再生手続と今後の日程
5　今後のお取引及び弁済について
6　質疑応答とご意見
7　監督委員のご紹介
8　閉会の言葉

【配付資料】
1　民事再生手続申立及び支払い条件変更のお知らせ
2　民事再生法とは
3　過去3期比較損益計算書及び貸借対照表
4　決算書（〇〇期）
5　少額債権の取扱いについてのお知らせ及び少額債権弁済申請書
6　保全決定書，監督命令書（写し）

書式❻

民事再生手続申立及び支払い条件変更のお知らせ

平成24年3月16日

債権者　各位

　　　　　　　　　　　　　　　　　甲野金属株式会社
　　　　　　　　　　　　　　　　　代表取締役　　　甲野　太郎
　　　　　　　　　　　　　　　　　代理人弁護士　　岡宮　次郎
　　　　　　　　　　　　　　　　　同　　　　　　　夏垣　花子

拝啓　貴社におかれましては，益々ご清栄のこととお慶び申し上げます。

1　民事再生手続申立のお知らせ

　さて，平成24年3月16日，甲野金属株式会社は，○○地方裁判所に『民事再生手続開始の申立』をなし，裁判所の管理下のもと，事業を引き続き継続しながら，事業の再生を目指すことになりましたことをお知らせ致します<u>(事件番号：平成○○年（再）第○○号。あわせて監督委員として，松村三郎弁護士が選任されました)</u>。

　当社は，皆様方のご支援の下に，業務を展開して参りましたが，月末には手形決済資金が枯渇する恐れが生じて参りました。

（中略）

　・・・との見地から，本申立に至ったものであります。

2　申立日以降の注文品の支払方法について

　皆様に対します申立日（○月○○日）以降のお取引に対する支払方法につきましては，以下の支払い条件にてお願い申し上げます。

　　①毎月1日〜15日までの仕入れ→15日締め，当月末日払い。
　　②毎月16日〜31日までの仕入れ→当月末日締め，翌月15日払い。

　<u>申立日以降の注文品に関しましては，共益債権化の許可を得ることにより随時のお支払いができますので，今後の支払にご迷惑をお掛けすることはありません。</u>

3　申立日前日以前の注文品の支払方法について

　申立日前日（3月17日）までの買掛金及び3月17日までに振り出した手形につきましては，現在，裁判所より『弁済禁止の保全処分』が発令されております。該当する債務については，後日作成する『再生計画案』にて，支払額及び支払時期を確定させてお支払いすることになりますので，今しばらくお待ち下さい。

　『事業再生』は，地域経済の活性化でもあり，雇用の維持，確保を図れるものであり，ひいては，一つの企業に関与する多くの取引先の方々の再生にもつながります。

　以上の次第であり，今後は裁判所の監督下という**透明性の手続**を通じ，**衡平・公正**に，会社の事業再生を図る所存でありますので，皆様方におかれましても，甲野金属株式会社の再生にご支援ご協力賜りたく宜しくお願い申し上げます。

敬具

書式❼

民事再生手続申立と債権者説明会のお知らせ

平成24年3月16日

債権者各位

再生債務者　　甲野金属株式会社
代理人弁護士　岡　宮　次　郎
同　　　　　　夏　垣　花　子

拝啓　日頃より債権者の皆様にはお引立てを賜り，ありがとうございます。
　弊社は，皆様方の暖かいご支援の下に，業務を展開してまいりましたが，今般，当月入金予定の売掛金の回収が滞ったことから，月末には手形決済資金が枯渇する恐れが生じて参りました。
　弊社としましては，このまま，現状を放置すれば，債権者の皆様に対し，更に多大なご迷惑をお掛けすることは必至でありましたので，やむを得ず，本日，○○地方裁判所に民事再生手続開始の申立てを行い（事件番号　平成○○年（再）第○○号），同日，裁判所より「弁済禁止等の保全処分」が発令されました。又，監督委員として，村松三郎弁護士が選任されております。
　このような事態になり，債権者の皆様には多大なご迷惑をお掛けしましたことを心よりお詫び申し上げます。
　つきましては，債権者の皆様にこのような事態に至った経緯を申し上げると共に，今後の当社の再建方針についてご説明し，債権者の皆様のご理解，ご協力をいただきたく，下記のとおり『債権者説明会』を開催しますので，ご出席下さいますようご案内致します。
　債権者の皆様にご迷惑をお掛けしましたことを改めて深くお詫び致します。

記

日　　時　平成○○年○月○日（月）午後3時（午後2時30分より受付開始）
場　　所　○○市○○×－×－×
電　　話　○○－○○○○－○○○○
アクセス　■「○○駅」下車，徒歩約5分

地図　下記の通り
※　会場設営の都合上，誠に恐れ入りますが，1社あたり2名までとさせて頂きます。またご出席者の確認のため，当日会場入口にて，お名刺を頂戴いたしますので，ご持参願います。

（上記についてのお問い合わせ）
　申立後多数の電話が寄せられつながりにくくなっていると思われますので，お名前，ご用件，連絡先をご記入の上，以下の代理人事務所までＦＡＸにてご連絡下さい。

敬具

ＴＥＬ　〇〇－〇〇〇〇－〇〇〇〇
ＦＡＸ　〇〇－〇〇〇〇－〇〇〇〇

※地図を貼付

書式❽

平成24年3月16日

従業員各位

甲野金属株式会社
代理人弁護士　岡宮　次郎
同　　　　　　夏垣　花子

　本日，甲野金属株式会社は，○○地方裁判所に再生手続開始の申立を行い，再生手続という裁判所が関与した手続のなかで，会社を再建していく道を選びました。
　これに伴い，当社に対し，債権者やマスコミ等から，問い合わせがなされることが予想されますので，従業員の方々におかれましては，以下の点に留意して対応してください。
　なお，以下に記載した以外の事項に関する問い合わせで，その場で判断できない事項については，基本的に「わからない」と回答されて構いませんが，緊急性を要すると思われる事項については，「代理人弁護士に相談の上回答する」旨お答えいただいたうえ，至急当職等にご相談下さい。

＊　一般的注意事項
1　電話があった場合には，相手方の名前，住所，電話番号，ＦＡＸ番号等を確認の上，記録してください。
2　そして，当社とどのような関係がある者（取引先，マスコミ等）なのか，ご確認下さい。

1　再生申立の事実及び具体的日時について
　　民事再生申立ての事実に関する問い合わせがあった場合，申立てがあった事実について，下記の申立日時，申立裁判所をお答えになって構いません。
　　しかし，申立原因については，「私にはそこまでは分かりかねます。」とのお答えで結構です。
　　申立日時　　平成24年3月16日午前9時30分
　　申立裁判所　○○地方裁判所

2　今後の営業について
　　再生申立後も従来通り営業を継続すること，新規の受注も随時お受けすることをご説明下さい。

3　支払いについて
　　再生手続申立に伴い，本日，弁済その他の債務を消滅させる行為を禁止する保全処分命令が出されており，裁判所の命令によって，申立ての前日である3月17日までに発生した債権についてはお支払いできない旨お答え下さい。
　　そして，「全く支払わないのか」と食い下がる債権者に対しては，「今後の民事再生手続に従い，再生計画が皆様の承認を得られたときに，然るべき債権者に対しては弁済条件に従いお支払いすることになります。」とお答え下さい。
　　ただし，債権合計額が10万円以下の少額債権は，上記保全処分の対象外となりますので，債権額を尋ねたうえ，合計額が10万円以下の問い合わせに対しては，「合計額

が10万円以下の債権者に対しては再生計画認可決定を待たずにお支払いすることが可能です。具体的支払方法については，『少額債権弁済申請書』をお送りいたしますので，そちらをご参照下さい。」と回答の上，上記書類を送付してください。

4　新たな債権者が判明した場合
　　問い合わせた債権者が，民事再生申立書の「債権者一覧表」に記載のない債権者であった場合は，相手方の名前，住所，電話番号，ＦＡＸ番号等をご確認の上，「債権者説明会」開催時の配付資料一式を送付し，当職等宛ご連絡下さい。併せて，後日，再生債権届出書が送付されることをもお伝え下さい。

5　保管商品・在庫品の取り扱いについて
　　裁判所の保全命令に伴い，商品等の返品は，後述する物を除き，許されておらず，にもかかわらず商品等を持ち去るのは，**刑法上の窃盗罪あるいは強盗罪に該当します。**したがって，商品の返還等の要求には一切応じないでください。
　　なお，委託商品・所有権留保物・リース物件・賃貸品・預け品については，例外的に返還請求が認められることがありますが，その場合も，現場の混乱による商品等の散逸を防ぐため，相手方に対し，「返還を要求する物の内容・保管場所・返還の根拠（委託・所有権留保・賃貸・預け品など）」を明記のうえ，ＦＡＸしてもらったうえで，届いたＦＡＸを代理人事務所に転送してください。

6　監督委員について
　　再生手続については，原則として，現経営陣が引き続き業務執行・財産の管理処分を行うことになっていますが，当社に関する調査監督等のために監督委員が選任されます。
　　監督委員には，村松三郎護士が選任されましたので，この点につき問い合わせがあった場合には，「村松三郎弁護士（村松弁護士連絡先記載）が選任されております。」とお答え下さい。

7　債権者説明会について
　　債権者説明会は，下記のとおり開催することを予定しておりますので，日時，場所をお答え下さい。
　　なお，債権者以外の方の出席をお断りする方針ですので，債権者以外の方の問い合わせに対しては，「債権者説明会は債権者の方々に事情をご理解いただくものであり，債権者でない方のご出席はご遠慮いただいております。」とお答え下さい。
　　日　　時　　平成〇〇年〇月〇日　午後2時（午後1時30分より受付開始）
　　場　　所　　------------
　　電　　話　　------------
　　アクセス　　××駅△△口徒歩1分

8　その他の留意事項
　　マスコミからの問い合わせについては，原則として当職等が対応しますので，その旨お伝え下さい。

以上

書式⑨

平成24年3月16日

取引銀行各位

甲野金属株式会社
代表取締役　　甲野　太郎
代理人弁護士　岡宮　次郎
同　　　　　　夏垣　花子

民事再生手続開始の申立ておよび今後の入金の相殺禁止等のご連絡

拝啓　時下ますますご清祥の段，お喜び申し上げます。平素は格別のご高配を賜り，厚くお礼申し上げます。

1．弁済禁止の保全処分について
　さて，弊社は本日平成24年3月16日午前9時30分に〇〇地方裁判所に民事再生手続開始の申立を行い，午前〇×時に弁済禁止の保全処分が発令されました。
　その結果，「申立前日である3月17日までの原因に基づいて生じた」弊社の債務は，原則として弁済が禁止されます。この場合，手形決済手続，経費の自動引落手続も上記弁済禁止の保全処分の対象となります。そのため，貴行におかれましては，今後引落手続等をされないようご協力をお願い申し上げます。

2．預金拘束の禁止について
　ところで，上記の通り民事再生手続開始の申立を行ったことにより，以後，貴行の弊社名義の口座に入金された預金については，相殺が禁止されます（民事再生法第93条1項4号）。すなわち，貴行が弊社の民事再生手続開始の申立があったことを知った後に入金があった金員については，貴行は相殺することができず，いかなる名目をもってしても預金口座を拘束することは法律上禁止されています。
　つきましては，弊社従業員がこれから貴行への預金払戻請求を行った場合，本申立以降に入金された預金については，速やかに従来通り，払戻手続に応じてくださるようお願い申し上げます。

敬具

参照条文　民事再生法第93条第1項第4号
　　　　　再生債権者は，次に掲げる場合には，相殺をすることができない。
　　　　四　再生手続開始‥‥の申立てがあった後に再生債務者に対して債務を負担した場合であって，その負担の当時，再生手続開始の申立て等があったことを知っていたとき。

書式❿

告 示 書

　甲野金属株式会社は，平成24年3月16日，○○地方裁判所に民事再生手続開始の申立をし（平成24年（再）第○○号），同裁判所により受理されました。
　同申立てに伴い，裁判所からは，弁済禁止の保全処分が発令されております。
従いまして，現在，甲野金属株式会社は，裁判所の管理下にありますので，現況保全のため本敷地，建物内の物件の処分・持ち出しを一切禁じます。
　尚，本告示書を掲示して，その保全を図っていることは，上記裁判所に報告済みですので，万一無断で持ち出した場合は，当職らにおいて厳しく追及し，窃盗罪等の刑事告訴をなすことを，念のため付言致します。

以上

平成24年3月16日

　　　　　　　　　　甲野金属株式会社
　　　　　　　　　　民事再生手続開始申立代理人
　　　　　　　　　　〒○○○－○○○○
　　　　　　　　　　東京都○○区○○×丁目×番×号
　　　　　　　　　　岡宮法律事務所
　　　　　　　　　　ＴＥＬ　03－××××－×××○
　　　　　　　　　　ＦＡＸ　03－××××－×××△
　　　　　　　　　　代理人弁護士　岡　宮　次　郎
　　　　　　　　　　同　　　　　　夏　垣　花　子

書式⓫

```
平成24年（再）第○○号　再生手続開始申立事件

（監督委員意見）
下記申請につき，同意する。
　　平成　　　年　　　月　　　日
　　　　　　　　　　　　監督委員　弁護士
```

監督委員の同意申請書（DIPファイナンス）

　　　　　　　　　　　　　　　　　　平成○○年　　月　　日

監督委員　弁護士　村松　三郎　殿

　　　　　　　　　　　　　　再生債務者　甲野金属株式会社
　　　　　　　　　　　　　　上記再生債務者代理人
　　　　　　　　　　　　　　　弁護士　岡宮　次郎
　　　　　　　　　　　　　　　同　　　夏垣　花子

第1　同意を求める事項
　　再生債務者が，本件再生手続開始決定後に，××××との間で，別紙「金銭消費貸借契約書」に基づき，金○○○○万円を借り入れることについて同意を求める。
第2　同意を求める理由
　1　再生債務者は，○○地方裁判所より，平成24年3月21日付で，再生手続開始決定が発令され，・・・等の業務を通じて事業価値の再構築を目指しているところであるが，再生計画の認可に至るまで事業を継続していくには，仕入等のための運転資金を外部から調達して，足下の資金繰りを確保することが必要不可欠である。

--------------------中略--------------------

　　これにより，再生債務者の事業価値の維持と再生手続期間中の収益確保が見込まれ，債権者全体の利益にも資するものと思慮される。
　2　よって，再生債務者は，本同意の申請に及ぶ次第である。

　　　　　　　　　　　　　　　　　　　　　　　　　　　　　　　　以上

添付書類

1　金銭消費貸借契約書

書式⓬

平成　　年　　月　　日

甲野金属株式会社代理人
　弁護士　岡　宮　次　郎　宛
（FAX　03－××××－××××）

　　　　　　　　　　　　　　　　住所

　　　　　　　　　　　　　　　　電話
　　　　　　　　　　　　　　　　氏名　　　　　　　　　　　印

少額債権弁済申請書

　下記債権は，10万円以下の少額債権（民事再生法85条5項前段）に該当致しますので，東京地方裁判所において弁済が許可されることを条件に，弁済されたく申請いたします。

記

1．債権額　金　　　　　　円也
　　但し，当社あるいは私の甲野金属株式会社に対する債権金額（消費税込み）
2．上記1の他，再生債権に関する一切の請求権を放棄する。
　　　尚，上記放棄の効果は，貴社から上記1の債権全額の弁済が行われたことを停止条件として発生する。
3．債権の内容及び原因
　　売掛金　　その他（　　　　　　　　　　　）
4．尚，貴社に対する上記債権が，貴社振出の約束手形又は小切手である場合には，当該手形又は当該小切手と引き換えに上記1の弁済を受けるものとする。

　　　　　　　　　　　　　　　　　　　　　　　　　　　　以上

書式⓭

```
平成○○年（再）第○○号　再生手続開始申立事件

（監督委員意見）
下記の弁済を許可されるのが相当と思慮します。
　　平成　　　年　　　月　　　日
　　　　　　　　　　　　　監督委員　弁護士
```

平成24年　　月　　日

○○地方裁判所民事第×部　御中

　　　　　　　　　　　　　申立人（再生債務者）甲野金属株式会社
　　　　　　　　　　　　　上記申立代理人弁護士　岡宮　次郎
　　　　　　　　　　　　　同　　　　　　　　　　夏垣　花子

少額債権弁済許可申請書
（民事再生法第85条5項前段）

第1　申請の趣旨
　　再生債権のうち，別紙記載の各債権者に対して，再生債権全額の弁済を行う。
　・債権者総数××名　・弁済総額金×,×××,×××円
第2　申請の趣旨
　　再生債務者は，民事再生手続の事務処理の簡素化を図るため，金10万円以下の再生債権者に対して少額債権の弁済を行う旨通知したところ，合計××名の再生債権者より弁済申請がなされ，その総額は金×,×××,×××円であった。
　　少額債権弁済として上記の弁済を行うことは，再生債務者にとって事務処理の簡素化により，再生手続の円滑な進行を図ることができる。他方，再生債権の総額は，約△△億円であるが，上記弁済をする債権額は，全体の×％に過ぎず，これを弁済しても，他の再生債権者への弁済額には，ほとんど影響しない。
　　よって，上記申請に及ぶ。

以上

書式⑭

月次報告書（平成24年3月）

甲野金属株式会社

第1　概　況
1　当社は，平成24年3月16日に民事再生を申し立て，同月○△日，同手続は開始した。
　　民事再生申立直後は，債権者らからの問い合わせが続いたが，3月20日開催の債権者集会にて，民事再生に至る経緯，今後の支払方法等につき説明したところ，債権者らとの間の混乱は落ち着きつつある。
2　再生債務者らの主力売上先であるN社に対しては，申立直後に社長の甲野，代理人弁護士岡宮，同夏垣らが同行して，今後の協力を求めたところ，本再生手続の意義についてご理解をいただき，今後の協力について前向きにご検討いただける旨の回答を得た。

第2　営業の状況
1　営業状況（営業活動の取組みについての概括的説明等を記載）
2　その他報告事項

第3　財務の状況
1　損　益
　平成24年3月1日から同月31日までの損益の概略は次の通りである（添付資料1）。

（単位：千円）

	平成○×年○月	平成○○年○月	対前年同月差
売上高			
売上原価			
売上総利益			
販売管理費			
（うち減価償却費）			
営業利益			

2　説明事項（経費削減計画等の事業再構築の進捗状況等）

第4　資金繰りの状況（添付資料2）（月次資金繰り表の内容を中心に説明）
第5　人事・労務の状況（人員の増減等についての説明）

以　上

添　付　資　料

1．残高試算表（平成○○年○月1日～○月31日）
2．資金繰り表（平成○○年○月日繰り，平成○○年○月～×月分月次）

書式⓯

民事再生手続開始決定のお知らせ

平成24年3月21日

債権者 各位

甲野金属株式会社
代表取締役　　甲野　太郎
代理人弁護士　　岡宮　次郎
同　　　　　　夏垣　花子

前略
　各位におかれましては，益々ご清栄のこととお慶び申し上げます。また，このたびは，弊社の民事再生申立にご理解ご協力頂きありがとうございます。
　さて，弊社は，本日平成24年3月21日午後5時，○○地方裁判所より『民事再生手続開始決定』を受け，正式に裁判所の監督下のもと，公平公正なる民事再生手続の中で会社再建を目指すことになりましたことをまずお知らせ致します。
　債権者の皆様に対しましては，後日裁判所より，「債権届出書」が送付されますので，所定の期限内にご返送頂きますよう宜しくお願い致します。ご不明の点がございましたら，下記までお問い合わせお願い致します。
　債権者の皆様には，突然の民事再生の申立により，多大なるご迷惑をお掛けしましたことをあらためてお詫び申し上げますとともに，今後，弊社は，経営陣及び従業員全社一丸となって失われた信頼を一日も早く回復すべく営業努力に邁進し，会社再建を図る所存でございますので，お取引先の皆様におかれましては，是非とも弊社の再建に多大なるお力添えを賜りますよう重ねてお願い申し上げます。

草々

書式⓰

貸借対照表（資産の部）

甲野金属株式会社

開始決定日（平成24年3月21日）現在

資産の部	帳簿残高	清算残高
流動資産		
現金及び預金		
売掛金		
棚卸資産		
立替金		
未収入金		
短期貸付金		
前払費用		
仮払金		
固定資産		
有形固定資産		
建物		
建物付属設備		
構築物		
機械装置		
車両運搬具		
工具器具備品		
一括償却資産		
リース資産		
土地		
無形固定資産		
電話加入権		
借地権		
ソフトウエア		
リース資産		
投資その他の資産		
投資有価証券		
出資金		
敷金		
保証金		
保険積立金		
預託金		
権利金		
追加項目		
資産合計	-	-

```
                予想清算配当率の計算                                A
        A       清算残高   資産合計                              -
                        控除
        B           相殺・別除権債権支払
        C           共益・優先債権支払
D＝B＋C                 控除計
E＝A－D          差引一般再生債権配当原資
        F       一般再生債権額
    E÷F         予想清算配当率                          0.00%
```

貸借対照表（負債の部）

×××××株式会社

開始決定日：　年　月　日現在　　（単位：××円）

負債の部	帳簿残高	清算残高 合計(4)=(1)+(2)+(3)	内　　訳　注3 相殺・別除権債権(1)	共益・優先債権(2)	一般再生債権(3)
支払手形					
買掛金					
長短借入金					
未払金					
賞与引当金（未払賞与金）					
社債					
退職給付引当金（未払退職金）					
・・・・・・・					
その他					
追加項目					
リース債務			注1		
保証債務					
解雇予告手当等清算費用					
概算別除権不足見込額			注2		
・・・・・・・					
負債合計			B	C	F

注1：リース取引については便宜上相殺・別除権欄に計上し、リース資産価値相当額を控除した額を概算別除権不足見込額に含めることとしている。
注2：概算別除権不足見込額欄を利用する場合には、下のBの額（合計額）と上からの合計額との差額が不足見込額となる。その見込額を別除権債権（1）の列でマイナス計上し、同額を右の一般再生債権（3）の列に計上する。
注3：帳簿残高と清算残高を対比することは有用であるから、債権の種類への組み替えを表示している。ただし、別の表で行った結果を記載することも考えられる。

概算別除権不足見込額欄を利用する場合のイメージ表

	帳簿残高	清算残高	相殺・別除権債権	共益・優先債権	一般再生債権
支払手形 ㈱Z商事 ････	270 500	270 500	270		500
合計 ①	770	770	270		500
買掛金 ㈱Z商事 ････	420 100	420 100	420		100
合計 ②	520	520	420		100
長短借入金 Y銀行－○○分 Y銀行－△△分 代表者X	1000 3000 200	1000 3000 200	1000 3000		200
合計 ③	4200	4200	4000		200
①+②+③=④	5490	5490	4690		800
別除権合計額⑤			700		
概算別除権不足 見込額 ⑤－④=⑥			－3990		3990
合計額④+⑥					4790

 財産目録と貸借対照表をミックスして表現しているが、上の貸借対照表へはイメージ表の各合計欄を移記する。(①②③⑤⑥欄)
この例では、別除権合計額⑤欄の700は、70＋30＋600の加算により算出しているが、その前提及び記入の考え方は次のとおりである。
　㈱Z商事は取引保証のために定期預金70に質権設定している。(財産評定時においては支払手形と買掛金のいずれの弁済に充当されるか特定できないので、債務の全額である270と420を「相殺・別除権債権」欄に記載する。)
　Y銀行は相殺対象となる預金を30と土地に対する抵当権を有しておりその概算評価額は600である。(財産評定時においては支払手形・買掛金の説明と同じく、どの借入金に充当されるか特定されないので債務の全額である1000と3000を記載する。)
　最終的に相殺・別除権債権欄(上の表のB欄)には相殺見込みの預金や売掛金などの金額、別除権対象資産の評価額の合計額が記載され、対象となる負債の額との差額が不足見込額として注2の欄にマイナスで記載され、一般再生債権の欄に移記される。
 この表示であると、別除権者の債権総額が一見でき、協定の重要性が理解しやすい。相殺や別除権の対象となる債権が複数ある場合には、概算別除権不足見込額欄を設けると、別除権相当額などを各負債項目に割り付ける必要がなく簡便である(各債権者別の割付などの試算は別途考慮することになる)。相殺・別除権相当額を表の上で各負債項目に直接割り付ける場合には概算別除権不足見込額の欄を設ける必要はない。

書式⓱

別除権受戻し弁済協定書

　A銀行（以下「甲」という）と甲野金属株式会社（以下「乙」という）とは，乙の民事再生手続開始申立事件（〇〇地方裁判所平成24年(再)第×号，以下「本件再生手続」という）に関し，甲が有する別除権付債権の取扱等について，以下のとおり協定（以下「本協定」という）を締結する。

第1条（担保目的物及び別除権の評価額）
　　甲と乙とは，後記（省略）記載の不動産（以下「本件不動産」という）について，甲の別除権評価額（以下「本件別除権額」という）を金〇〇円とすることに合意する。
第2条（別除権額の弁済）
　1　乙は甲に対し，次のとおり，本件別除権額を分割して弁済する。・・・
　2　第1項の弁済は，甲の指定する口座に振込送金する方法により行う。なお，振込手数料は乙の負担とする。
第3条（担保権の不行使）
　　甲は，乙が第2条に基づいて弁済を履行している限り，本件別除権を実行しない。
第4条（期限の利益の喪失）
　　乙が第2条の弁済を怠りその合計額が2カ月分に達したときは，甲の請求により乙は期限の利益を失い，乙は甲に対し，残額を一括して弁済すると共に完済に至るまで年14％の割合による遅延損害金を支払う。
第5条（担保権の消滅および登記の抹消）
　1　甲と乙とは，第2条に従って本件別除権額が完済されたときは，完済時において本件別除権が消滅することを確認する。
　2　前項の場合，甲は乙に対し，本件別除権額完済後速やかに，本件別除権の抹消登記手続に必要な書類を交付する。
　3　前項の抹消登記手続に要する費用は乙の負担とする。
第6条（債権譲渡等の場合における本協定の承継）
　　甲が本件別除権の被担保債権または本件別除権を第三者に譲渡する場合その他これと同様の効果を生じさせる行為をする場合には，甲は，これらの行為と同時に，相手方から本協定上の甲の地位を承継する旨の承諾書を取得して，乙にこれを交付するものとする。
第7条（停止条件）
　　本協定は，本協定の締結について本件再生手続の監督委員の同意があることを停止条件とする。
第8条（特約条項）
　　甲と乙は，協定締結後，乙において本件別除権額を超えて，第三者に本件不動産を譲渡する場合は，その超える金額をすみやかに甲に支払うものとする。

第9条（協議事項）
　本協定に定めのない事項または本協定の解釈に疑義が生じた事項については，甲と乙とは，関係法令及び本協定締結の趣旨を勘案のうえ，誠意をもって協議し解決を図るものとする。

本協定の締結を証するため，本協定書2通を作成し，甲乙各自記名捺印のうえ，各1通を保有する。
　平成24年〇月〇日

　　　　　　　　　　　　　　　　甲

　　　　　　　　　　　　　　　　乙

平成24年（再）第×号　再生手続開始申立事件

再生計画案

平成24年6月18日

○○地方裁判所○○部　御中

再生債務者　甲野金属株式会社
代表者代表取締役　甲野　太郎

申立代理人弁護士　岡宮　次郎
同　　　　　　　　夏垣　花子

第1　再生計画の基本方針
1　再生手続開始に至る経緯
2　事業計画の内容
　(1)　外部環境
　(2)　直近月次PL
　(3)　損益計画の策定の前提
　　ア　売上高
　　　①　概要　・・・
　　　②　客単価・客数　・・・
　　イ　売上原価　・・・
　　ウ　販売管理費　・・・
3　弁済資金の調達方法及び資金計画
　　・・・一般再生債権については，今後10年間で獲得された税引後のフリーキャッシュフローを弁済原資として，各再生債権者に対して，最長10年間の長期分割で，再生債権総額の×パーセントの割合の弁済を実行する計画である。
4　破産配当率との比較
　　再生債務者が即時に会社の活動を停止し，破産・清算した場合に想定される破産配当率は，0パーセントである（別表4）。一方で，再生計画による弁済率は，×パーセントとなっており，破産配当率と比較しても，一般債権者の利益に資するものであり，清算価値保障原則の充足は明らかである（別表2－1，別表4）。
5　再生計画における権利の変更（債務免除額について）
　　再生債務者は，再生債権の元本並びに再生手続開始決定日の前日までの利息および遅延損害金の合計額のうち，

10万円以下の部分	免除なし（全額弁済）
10万円を超え100万円までの部分	50％の免除（50％弁済）
100万円を超える部分	94％の免除（6％弁済）を受ける。

なお，債務免除の対象は，××円となる見込みである。顧問公認会計士からは，評価損××円，青色繰越欠損金××円，期限切れ欠損金××円，今期の欠損金（見込み額）××円，合計××円の損金算入が可能なので，上記免除益課税への対応が可能であり，免除益課税の心配はないとの報告を受けている。
6　別除権の処理（別除権協定の予定など）
7　経営者責任について

第2　再生債権に関する権利の変更及び弁済方法
1　確定再生債権及び債権者数
　(1)　平成2×年3月20日（再生手続開始決定日の前日）までの原因に基づいて生じた財産上の請求権，並びに平成2×年3月21日以降の利息，不履行による損害賠償及び違約金の各請求権を「再生債権」とする。
　(2)　確定再生債権及び再生債権者総数は，次のとおりである。

別表2—1	
再生債権者総数（未確定再生債権者除く）	××名
確定再生債権総額	××円
（内訳）	
・元本及び開始決定日前日までの利息・遅延損害金	××円
・開始決定日以降の利息・遅延損害金	額未定

2　権利変更の一般的基準
3　個別条項
4　弁済に関するその他の定め

第3　未確定再生債権に関する条項
　　・・・

第4　別除権付再生債権に関する条項
　　・・・

第5　共益債権の弁済に関する条項
　　・・・

第6　一般優先債権の弁済に関する条項

以　上

別表目録

別表1　　　損益計画
別表2－1　　再生債権弁済額一覧表
　　　2　　再生債権弁済計画表
別表3－1　　別除権付債権一覧表
　　　2　　別除権物件目録
別表4　　　清算貸借対照表

書式⓳

○○地方裁判所平成2×年（再）第×号事件

議決票ないし委任状提出のお願い

債権者各位

平成24年7月×日

再生債務者㈱甲野金属
代理人弁護士　岡宮　次郎
同　　　　　　夏垣　花子

　拝啓　各位におかれましては，ますますご清栄のこととお慶び申し上げます。
　平素は，・・・
　さて，平成24年8月×日×時×0分より，○○地方裁判所にて，本件再生債務者についての債権者集会が開催され，そこでの投票結果及び事前に各再生債権者よりご提出いただいた議決票（書面投票）の結果により，本件再生計画に対する認可決定の可否が判断されることとなっております。まず，再生計画案の概要について，ご説明申し上げます。

【再生計画案の概要についての説明】
　・・・返済計画についてご説明いたしますと，元本並びに開始決定日前日までの利息・遅延損害金の債権額について，

10万円以下の部分は，	100％全額弁済いたします。
10万円超過100万円以下	50％弁済いたします。
100万超過の部分は，	6％弁済いたします。

　上記骨子を具体例でご説明いたします。
　200万円の債権者を例にとると，

10万円以下の部分	10万円全額を弁済いたします（10万円×100％）
10万円を超え100万円までの部分	45万円を弁済いたします（90万円×50％）
100万円を超える部分	6万円を弁済いたします（100万円×6％）

　合計　61万円（10万円＋45万円＋6万円＝61万円）

債権者集会で可決いただければ，①特に少額の債権者の方を中心として，債権者の皆様の債権回収に少なからず寄与させていただくことが可能となります。②また，弊社は事業継続が可能となり，多数の従業員の雇用確保が図られ，地域経済への悪影響を最小限に留められます。③それだけではなく，ご賛同いただき事業が継続できれば，将来にわたり，皆様とお取引が出来ることになります。

【再生計画案に賛同いただけない場合】
　これに対し，上記の再生計画案が債権者集会でご同意いただけなかった場合，事業活動は停止となってしまいます。その場合，財産評定書の清算配当率記載のとおり，再生債権者の皆様の債権回収額は0円となってしまう可能性が高いと思料されます。

【再生債権者様へのお願い】
　つきましては，再生計画案にご賛同いただける方は，平成24年8月×日までに，裁判所より送付されている従来の「議決票」に賛同していただき裁判所宛てにご送付いただくことをお願い申し上げます。この「議決票」を弊社従業員に渡してもらっても構いません。そのどちらも面倒であれば，本書同封の委任状を，同封の返信用封筒を用いて下記宛てにご送付いただきたくよろしくお願い申し上げます。なにもしないで集会当日も欠席されてそのままにしておきますと，「反対票」扱いになってしまいますので，必ず議決票をご送付いただきたくお願い申し上げます。
　なお，委任状の押印は，再生債権届出書作成の際に押印した「印鑑」と同一のものでお願いします。
敬具

書式⑳

再生計画認可決定のお知らせと御礼

平成24年9月×日

債権者各位

　　　　　　　　　　　　　　○○地方裁判所　平成24年（再）第×号
　　　　　　　　　　　　　　再生手続開始申立事件
　　　　　　　　　　　　　　再生債務者　甲野金属株式会社
　　　　　　　　　　　　　　代表取締役　甲　野　太　郎
　　　　　　　　　　　　　　申立代理人
　　　　　　　　　　　　　　弁　護　士　岡　宮　次　郎
　　　　　　　　　　　　　　同　　　　　夏　垣　花　子

　拝啓　貴社益々ご清祥のこととお慶び申しあげます。平素は格別のご厚情を賜り厚く御礼申し上げます。
　さて，弊社は平成24年3月16日××地方裁判所に対して再生手続開始の申立をして以来今日まで，債権者の皆様の御支援・御助力を頂きながら事業の再建に取り組んで参りましたが，さる平成24年8月　日，同裁判所におきまして，同意者数　　人（議決権行使可能出席債権者数　　人），同意者議決権割合　％にて再生計画案が可決され，別紙の通り，『再生計画認可決定』を受けることができました。今後，本認可決定は，官報公告後2週間の異議申立期間内に別段の異議がなければ『確定』することになります。
　認可決定を得るに至るまでの道程は非常に厳しいものでしたが，今般裁判所より認可決定を得ることができましたのもひとえに債権者の皆様の御協力を頂いたお陰と感謝しております。
　今後は，再生計画を誠実に遂行することはもとより，少しでも業績を好転させて皆様にお掛けしたご迷惑に報いることができるように，全役員・社員一丸となって努力して参る所存で御座いますので，今後とも御指導・御鞭撻の程何卒宜しくお願いいたします。

　　　　　　　　　　　　　　　　　　　　　　　　　　　　　　　　敬具

あ と が き

　私的整理の手引きの執筆メンバーに，新たな仲間が加わり，本書の発行となりました。

　本書の企画が持ち上がった2011年。2011年の大震災は，日本経済にも大きな打撃を与えました。震災により，人々は，『ひと』と『ヒト』のつながり，あたたかみを通じて，『絆』を再認識したと言われています。民事再生を考えている経営者の方々も，経営に思い悩む中で，家族の絆，職場の絆，地域の絆に心休まると思われます。我々，『会社再建』をサポートする専門家も，思い悩む経営者たちの絆の一つでありたい。我々が直接関われる経営者たち以外にも，力になりたいと思い，本書が企画されました。

　『絆』つながりで，一つ心に残った言葉があります。

　一緒に医療関連の仕事をしている友人に医師のN.Yさんがいます。医療と会社再生も，悪くなっていた部分を直していくという点で共通しています。仕事の領域は異なるけれども，目指すマインドは共通しており，いつも共感させられます。事業が行き詰って，社内に閉塞感が漂っている時にN.Y医師が言いました。『仕事は，みんなでするものですよ』と。当たり前なのだけど，いい言葉だなと思いました。

　民事再生に当てはめてみると，民事再生を申し立てる経営者だけでなく，従業員をはじめ，会社が一丸となって再生を目指す必要があります。専門的知識を必要とするので，法律面は弁護士，財産目録や事業計画の策定には公認会計士，TAX Planに関しては税理士のアドバイスを得ることも必要です。

　また，結果的に迷惑をかける金融機関や債権者にも協力を仰ぐ必要があります。みんなで，協力することで民事再生も円滑に進めることが可能となると思われます。まさに，一人で思い悩むのではなく，『みんなでする』ことで初めて『仕事』になるのだと思われます。

公認会計士　　安田　憲生

著者紹介

德永　信（とくなが　しん）
公認会計士，税理士
公認会計士德永信事務所代表
宗和税理士法人代表社員
1981年　公認会計士登録
1987年　税理士登録
監査法人トーマツ（現有限責任監査法人トーマツ）勤務（東京事務所，豪州シドニー駐在員）を経て
1987年　公認会計士德永信事務所開設
2008年　宗和税理士法人設立，代表社員就任
公認会計士事務所においては，株式会社，公益法人，学校法人などの監査業務，財務デュー・デリジェンス業務，内部統制調査業務などに従事。
宗和税理士法人においては，法人及び個人の所得税・消費税に関する相談・申告などの一般業務，相続・贈与，譲渡所得等の資産税業務に関する相談・申告などの一般業務をはじめとして，事業再生・M&Aに係る税務デュー・デリジェンス，組織再編成業務などのサービスを包括的に提供している。

安田　憲生（やすだ　のりお）
公認会計士
中央大学商学部卒業
太田昭和監査法人（現　新日本有限責任監査法人）入所後，アーンストアンドヤング・トランザクション・アドバイザリー・サービス株式会社に勤務し，財務デュー・ディリジェンス業務に携わる。
現在，公認会計士德永信事務所，安田憲生公認会計士事務所にて，私的再建や民事再生を通じて会社再建に取り組んでいる。
HP：http://yasudacpa.vpweb.jp/

宮原　一東（みやはら　いっとう）
東京弁護士会所属（倒産法部部員）
ウェール法律事務所，房川樹芳法律事務所勤務を経て，倶知安ひまわり基金 法律事務所では，初代所長を務める。その後，光麗法律事務所に勤務し，企業再生業務に携わる。2012年，光麗法律事務所から独立し，桜通り法律事務所を開設し，倒産・再生案件に取り組んでいる。

岡本　成道（おかもと　しげみち）
弁護士
東京弁護士会所属（倒産法部部員）
光麗法律事務所では，会社再建を中心とした倒産法務に多く携わった。
平成24年2月より，宮原一東弁護士とともに開設した桜通り法律事務所に所属する。

清水　夏子（しみず　なつこ）
弁護士
第二東京弁護士会所属
平成17年10月　弁護士登録
平成24年2月に清水直法律事務所から独立し，新垣弁護士と共に，清水・新垣法律事務所を開設する。
これまで多数の倒産案件のほか，株主総会対策等の企業法務や訴訟案件等の一般民事，家事事件等，様々な法律業務を手掛ける。

新垣　卓也（あらかき　たくや）
弁護士
東京弁護士会所属
平成18年10月　弁護士登録，清水直法律事務所入所
平成24年2月　清水・新垣法律事務所開所共同パートナー
これまで，民事再生案件，破産案件等の倒産案件に限らず，様々な法律業務に携わる。

著者との契約により検印省略

平成24年4月1日 初版発行

社長・税理士・弁護士のための
民事再生の手引き
―自力で会社を残す！―

著 者	徳 永　　　　信
	安 田 憲 生
	宮 原 一 東
	岡 本 成 道
	清 水 夏 子
	新 垣 卓 也
発 行 者	大 坪 嘉 春
印 刷 所	税経印刷株式会社
製 本 所	株式会社 三森製本所

発 行 所　東京都新宿区　株式　税務経理協会
　　　　　下落合2丁目5番13号　会社
郵便番号　161-0033　振替 00190-2-187408　電話 (03)3953-3301 (編集部)
　　　　　　　　　　FAX (03)3565-3391　　　 (03)3953-3325 (営業部)
URL http://www.zeikei.co.jp/
乱丁・落丁の場合はお取替えいたします。

Ⓒ 徳永　信・安田憲生・宮原一東・岡本成道・清水夏子・新垣卓也　2012
Printed in Japan

本書を無断で複写複製（コピー）することは，著作権法上の例外を除き，禁じられています。本書をコピーされる場合は，事前に日本複写権センター（JRRC）の許諾を受けてください。
JRRC(http://www.jrrc.or.jp　eメール：info@jrrc.or.jp　電話：03-3401-2382)

ISBN978-4-419-05779-4　C3034